U0030268

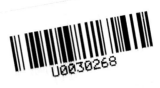

樹木希林 一切隨心

作者 樹木希林

前言

二〇一八年九月十五日，女演員樹木希林長眠。

每個人對於樹木女士的回憶應該不太一樣吧。

無論是早期電視劇《寺內貫太郎一家》中，扭腰喊著「Julie～」的火爆阿嬤；晨間小說連續劇《跳駒》中，飾演貞潔烈女般的母親；還有著名廣告詞「美麗的人會更美麗，不美的人就是真實呈現……」，富士軟片廣告中有點搞笑的演出深植人心。近年來，她在《我的母親手記》、《小偷家族》等多部電影中展現的精湛演技更是令人大開眼界。

知名演員森繁久彌慧眼發掘當年二十歲的樹木女士；素有鬼才之稱的勝新太郎誇讚她：「雖然別人可以模仿妳的演技，卻沒人能超越妳。」；北野武讚美她是「無與倫比」的知名女演員。她的演技隨著歲月流轉，愈發精粹。

另一方面，提到樹木女士，就會想到她的先生——搖滾歌手內田裕也。無論另一半惹了多少麻煩，樹木女士永遠只有一句話：「被拯救的人是我。」兩人過著四十幾年的另類婚姻生活，或許這樣的夫妻關係強化了樹木女士面對各種事情的自省能力。

樹木女士說過的許多話，也透過文字保留下來。

她說起話來簡單明快，總是不忘帶點幽默感，卻饒富深意；更重要的是，相當正面積極。她說的話之所以讓我們覺得有說服力，是因為絲毫不浮誇，每一句都是樹木女士對於人生的體悟。或許她只是隨口說說，卻留下許多金玉良言。因此，這本書可說是樹木流人生哲學的精髓。

什麼是人生哲學的精髓？要是這麼問：

「就是一種依存症啊！你自己想想吧。」

恐怕會惹惱故人吧……。

此外，本書的書名「一切隨心」選自樹木女士生前寫在簽名板上的一句話「我的演員魂啊，就是一切隨心」。封面照片則是選用《東京鐵塔：老媽和我，有時還有老爸》的電影海報。樹木女士生前非常喜歡這張照片，曾說這張照片的表情是「顏施」（參照 190 頁）。

最後，非常感謝爽快允諾我們使用報導內容、封面照片的出版社、新聞媒體等諸位相關人士，在此致上最深謝意。

若能讓讀者諸君深深吟味樹木女士說過的每一句話，就是我們無上的榮幸。

文藝春秋編輯部

目錄

【第二章】家族這件事

【第六章】歷年演出作品 171

照片提供：講談社／アフロ（P21、136）

【第一章】活著這件事

一九四三年出生於東京，本名中古啟子。父親中古襄水原本是刑警，後來成為薩摩琵琶演奏家。二十歲那年正式出道，參與演出連續劇「七個孫子」。私生活方面最大的轉捩點是一九七三年，與搖滾歌手內田裕也結婚，卻處於分居狀態逾四十年。自從二〇〇四年確診罹患乳癌後，直到二〇一八年九月辭世，享壽七十五歲；即使癌細胞轉移全身各處，她依舊活得瀟灑。

不要過度追求，因為欲望無窮盡

人一旦上了年紀，還拚命努力的樣子，或許看在年輕人眼裡會覺得好可憐、很不堪，但我覺得還是盡量自己打理日常生活瑣事比較好。像我都是自己開車去工作，要是工作地點在東京都內的話，就搭山手線或公車。畢竟上了年紀，生了病之後，大家難免會擔心，但我覺得一個人自在輕鬆多了。真的做不來時，說句「不好意思」，請別人幫忙一下就行啦！

年紀大了，不但體力大不如前，還病魔纏身；雖然這麼說很惹人厭，但我覺得這是神賜予的禮物，一種看得到終點的安心感，所以就算老了，也要愉快過活，這樣不是很好嗎？不要過度追求，因為欲望無窮盡，就算做不到知足常樂的地步，只要知道自己有多少能耐做多少事，這樣也很好，也是一種人生。

（摘自「家族是個無限大的課題。」二〇〇八年七月）

1973 年 10 月，樹木希林與內田裕也結婚。

過著身無長物，不買東西的生活也不錯

包括長靴在內，我一直只有三雙鞋子。長靴還是四十年前為了工作買的，一直穿到現在。前幾天我要穿的時候發現鞋子裡面有點髒，只好趁出去時買了一雙長靴，所以家裡一下子擺了四雙鞋子（笑）。

我幾乎沒買過衣服，穿的都是人家送的二手衣，再自己加工一下，好比在胸前縫個口袋，方便塞東西。家具也是接收別人家「淘汰不用」的二手貨。

我這個人本來就很小氣，一旦開始使用，就會想辦法物盡其用，讓東西「劃下完美句點」囉。

前幾天鄰居搬家扔了一些家具。這些家具確實都很舊了，但以前的家具品質好、堅固耐用，所以稍微修理一下還是能用，所以我把這些家具撿回來，重新上色。

過著身無長物，不買東西的生活也不錯哦！屋子裡很整潔，打掃起來也很輕鬆，就算有點髒髒舊舊，但好處是一忙起來，沒時間打掃，也不會有心理負擔。只要生活清簡，心情也會跟著舒爽。

（摘自「上了年紀是件有趣的事」二〇一五年七月）

我的內褲都是前面有開口的哦（笑）

我這幾年幾乎不買東西，頂多買襪子。記得朋友的老公過世時，「外子留下幾件沒穿過的駝絨緊身褲、絨毛裡的短襯褲。」聽到她這麼說時，我馬上說：「我要。」穿著鬆鬆垮垮的內褲好舒服，所以我的內褲都是前面有開口的哦（笑）。

萬一哪天昏倒被看光怎麼辦？我才不會在意這種事，反正已經到了臉皮夠厚的年紀囉。一切隨心就好，不是嗎？

（摘自「真理子的來賓對談集」二〇一六年五月）

人一旦有了物欲，就會把持不住

反正裝飾得再怎麼漂亮也沒用，我對那種閃亮亮的東西也沒興趣，還不如把住得地方弄得舒適一點就行啦！

我年輕時，總是喜歡花錢買便宜貨。可是啊，人一旦有了物欲，就會把持不住。沒什麼物欲的腦子不知有多輕鬆啊！也不必花太多時間收拾整理。

（摘自「從五十歲開始的十年是人生的分歧點」二〇一六年六月）

人生不如意是很理所當然的事

人生不如意是很理所當然的事。我從來不會哀嘆人生，也不會想像人生該有多幸福，總是想著：「這樣的人生，還不賴啊！」遇到不順心的事，就告訴自己：「我還不夠成熟啦！」

之所以覺得應該怎麼樣……其實是一種因為和自己希望達到的目標、描繪的幸福不一樣而衍生出來的情感。問題是，自己真的希望達到這樣的目標嗎？不是因為受到別人的價值觀影響，和別人的人生有所比較而萌生出來的念頭嗎？也許應該試著重新審視自己。

就算旁人覺得沒錢、沒名、沒利的人生很無趣，只要做著自己真心喜歡的事，覺得「啊啊～好幸福喔」這個人的人生就會閃耀生輝唷。

（摘自「『不應該是這樣』但這就是人生」二〇一六年六月）

希望與我有緣的人，都能活得神采奕奕

我的執著會變形，好比今年八月（一九八八年），我和共事二十七年的經紀人終止合作關係。從二十八年前，我走進文學座（成立於一九三七年的日本劇團），在窗口填了申請表後，我們就一直共事到現在。

現在的我真心希望與我有緣的人，都能活得神采奕奕，善用老天爺賜與的生命；或許這麼說很可笑，我開始對於讓別人活得有意義這件事有所執著。讓別人活得不快樂、勉強維持家庭關係，這些我都做過，所以當我思索這樣的人生，就會想……這麼做值得嗎？

於是，我學習道別，收掉事務所，也不聘請新經紀人。除了對於前任經紀人深感抱歉之外，我也毅然揮別漫長的過往人生，斬斷本位主義的執著，整理自己的心，整理自己的人生。

（摘自「什麼是與男人『感應』相伴的生存之道」一九八八年十一月）

想想自己夠體貼別人嗎？

我認為體貼別人這件事很重要。當然，對象不一定是孩子、另一半，無論是幫傭、父母，不管是誰都行。想想自己夠體貼別人嗎？這般體驗的豐富性就是自己能否成為一個好演員的要件。

感同身受別人的悲傷、明白離別的痛苦滋味……。我想這就是一種人生經驗的累積吧。

（摘自「娓娓道來一件事吧　女人的魅力2」一九八七年一月）

養育孩子就是要親力親為

不假手他人，自己一肩挑起，真的很辛苦啊！不過這才是真的在養育孩子。沒錢請人代勞另當別論，但就算有錢也決定親力親為的結果，就是每每筋疲力盡地回到家，還是得挽起袖子煮飯；不過這也是我努力的原動力，畢竟要是沒這份責任感的話，我當演員也當得很沒意思。

（關於養育孩子與工作的比重）養育孩子當然比工作重要啦！演戲時，往往一句台詞就能說進心坎裡。可是日常生活啊……不管是離婚也好，結婚也罷，努力經營這段感情，遇到彼此傷害、分享快樂的人，還是很美好的。所以啊，那種不夠認真看待演戲這份工作的人，實在叫人不敢苟同。我想這種事無論在哪個業界都一樣吧。

（摘自「秋子崇敬的女演員」一九八五年五月）

同樣一句「溫柔」，究竟有什麼不一樣？

我不會刻板地界定我和別人的關係，無論是對丈夫、朋友還是男人；我想，這也是一種溫柔吧。

不過有時我會閉上眼，只思索自己的事。其實往往只要說句「好、是」就能順利解決一件事。

那麼，同樣一句「溫柔」，究竟有什麼不一樣？當一個人告別人世時，同樣一句讚美：「他啊，真是個溫柔的人啊！」卻能在每個人心中留下不同的解讀，這是我非常嚮往的事。總覺得當自己達到這個目標時，就能成為很有魅力的女人。

我當然想成為這樣的人啊！因為要是沒有這樣的念頭，我大概隨時都會拋下現在的一切，去一處沒有我也不會怎麼樣的地方吧。因為我沒有什麼想住在這樣的家、想建立什麼理想家庭的欲望；但要是沒有將欲望寄託在某個地方，就沒辦法活下去，所以我現在是硬給自己塞個欲望吧。

空海大師有句名言：「生、生、生，生之初為暗；死、死、死，死之終為冥」，人的一生中往往會因為邂逅到某篇文章、某個句子而感動不已。因為人啊，總是會飄飄然地去到一處茫然不知的地方。

（摘自「娓娓道來一件事吧　女人的魅力2」一九八七年一月）

我覺得自己最大的好處就是長得不夠漂亮，算是醜女一族吧

活到現在，我覺得自己最大的好處就是長得不夠漂亮，算是醜女一族吧。

我是覺得沒那麼醜，就一般長相吧。但別人都這麼認為就是了。不過就在我心想：是喔，原來別人這麼看我啊！卻一腳踏進俊男美女雲集的演藝圈（笑）。

現在的我能夠扮演各種角色，以前甚至還演過女傭呢！全拜長得不怎麼樣之賜（笑）。所以啦，我很早就頓悟自己絕對不是美女囉。

不過啊，我倒是很相信自己看男人的眼光。所謂沒有誤判，就是完全符合自己所想，所以要不要和這個人在一起，端看自己和他的緣分吧。

因為長得不夠漂亮，所以別人不會注意到我，反而讓我可以從容觀察、了解別人。活到這把年紀，也遇過各種男人，當然也有那種讓我覺得「嗯……」沒什麼特別感覺的男人（笑），也是一種人生經驗嘛！所以長得不好看也是有好處的。

（摘自「現代社會哪還有貞潔烈女……」一九八八年三月）

「因為我有俯瞰事情的習慣，也就比較不會出錯

因為我有俯瞰事情的習慣，也就比較不會出錯。我覺得這就是走上演員這條路的特別恩典、好處吧。因為一般人很難這麼客觀看待自己的言行態度。

雖然糊里糊塗過一生，也是一種幸福；但要是哪裡沒留意到，就可能錯失什麼。人生就是這麼一回事吧。

（摘自「你成為『你想成為的大人』嗎？」二〇一六年五月）

沒有什麼絕對非得這麼做的鐵則

我家興建時，我拜託建築師一件事，那就是如果發現現場施工和設計圖不一樣，好比在不該開洞的地方開了個洞之類，麻煩告訴我一聲；不過我不會要求更換或修改，而是思考怎麼活用這個錯誤，搞不好還會弄出比當初設計圖更有趣的東西，不是嗎？畢竟補救之後，錯誤依舊是錯誤，但要是能催生出其他東西，這錯誤就不再是錯誤。

我面對任何事情的態度，就是沒有什麼絕對非得這麼做的鐵則。好比我這張臉，就是個瑕疵品囉（笑）。至少沒辦法歸類為美女演員。不過，我就是活用這張瑕疵品，一路走過來的。現在是個只要長得有特色，就很容易被接受的時代；但是在四十年前，就算演個女僕也不能長得太醜，所以我竟然能殘存下來，應該是懂得活用自己的不完美吧。

（摘自「這個人說的話是至理名言！」二〇〇二年八月）

我喜歡「職人」這個詞

我喜歡「職人」這個詞。我不是因為好喜歡、好喜歡演戲，而踏進這個世界，所以我不是藝術家。只是在做的時候，不知不覺產生責任感，就這樣一直做下去，也不會拘泥什麼就是了。就像一件工作是由各種類型演員共同完成，是吧？好比挑選戲服時，我就算穿大家挑剩的衣服也無所謂，就是這種感覺。職人與藝術家的不同點，就是職人會思考：「這麼做划算嗎？」

（摘自「這個人說的話是至理名言！」二〇〇二年八月）

上了年紀，也是一種美

想著自己就快步入六字頭了，一眨眼就六十好幾了，總覺得就某種意思來說，上了年紀也是一種美。抱著這想法，慢慢老去，不也很好嗎？

（摘自「歡迎宇津井健先生、樹木希林女士。」二〇〇七年一月）

我對於別人關注的事，不感興趣

應該說價值觀不同吧。因為我想讓別人看見的東西，和一般人想讓別人看見的東西，像是地位、名聲之類的完全不一樣。就拿衣服來說吧。我絕對不可能和其他女演員撞衫。

因為我對於別人關注的事，不感興趣，別人也就覺得我是個難以捉摸的人。那種「摸不清底細的人」總讓人覺得「怕怕的」……。就想嘛，鬼魂要是有清楚形體就一點都不可怕啦！所以囉，底細要是被別人摸得一清二楚，那多沒意思。我只是在說自己總是給人不知道在想什麼的感覺，和大家的價值觀不太一樣罷了。

（摘自「秋子崇敬的女演員」一九八五年五月）

一旦有了欲望與執著，就會成了讓別人趁虛而入的弱點

似乎有人很怕我，可能是因為我沒什麼欲望吧。一旦有了欲望與執著，就會成了讓別人趁虛而入的弱點，所以沒什麼欲望的我讓人覺得有點可怕吧。

我看待演員這工作也是如此，沒有什麼非要怎樣的執著，因為我更看重身為人該如何活著這件事。我和大家一樣，平常也會打掃家裡、洗衣服，過著很普通的生活，也不會刻意為了要演出的角色做功課；但一到現場，做好造型，馬上就能進入那個角色的情緒。對我來說，演員這工作就是這麼回事。

（摘自「『我』與『家人』的故事」二〇一五年六月）

成天想著如何不變老，真的會快樂嗎？

人大概邁入五字頭後，就會對接下來的人生感到迷惘吧。畢竟很難再保持年輕，也就會想著如何不變老，只能隨著年紀增長，摸索自己要怎麼活下去。

對於現在活到一百歲這股風潮，怎麼說呢？我一直在想，這樣的自己真的會快樂嗎？

記得曾在電視上看到一則關於老人家反對托兒所蓋在自家附近公園的報導；聽到老人家說，小孩子很吵鬧，一點都不可愛時，我很驚訝呢！會這麼說的老人家一定還很有活力，習慣從自己的角度看這世界吧。雖然老人家還很有活力是件好事，但只能說身為大人的他們心態不夠成熟。竟然不覺得小孩子的聲音聽起來很可愛、令人很開心……日本什麼時候開始變成這樣的國家啊？真叫人感慨啊！

（摘自「人生了無遺憾吧。再來就是該如何成熟地走完這一生吧」二〇一五年六月）

明白自己不是什麼了不起的咖

有時候還挺感謝電視讓我有曝光的機會，當然不只電視這媒體就是了。不過以前我對於八卦雜誌之類的刊物，真的很火大……。因為寫出來的東西往往是對方的觀點，就算我說東，對方也會寫成西；我就會想：「哦！原來你是這麼看我啊！」不然就是「原來你想寫成這樣啊！」畢竟我們無法左右別人的觀點，也不可能凡事順心，更加明白自己不是什麼了不起的咖。

什麼事都被攤在陽光下，當然會覺得難為情；哪怕只是被稍微惡意批評，也會覺得心痛；不過讓別人看到真實的自己，就某種意思來說，也是讓別人知道原來有人這麼活著啊！或許算是一種存在價值吧。所以我就算站在螢光幕前，還是能作自己。我要是觀眾的話，也會好奇這麼怪咖的人到底過著什麼樣的人生。

（摘自「筑紫哲也的電視現論　茶室之神」一九八七年七月）

我根本不相信大數據這種東西

這是我個人的想法啦！我才不管世人怎麼想，只在乎自己看到的，現在想吃什麼、自己喜歡什麼東西，接受眼前的一切。

我討厭以絕對多數這種抽象的人數，來決定現在什麼是最好的說法，所以我根本不相信大數據這種東西。就像不時會出現什麼人氣投票之類的，真的很好笑啊！唉，難不成個人魅力已經行不通了嗎？

（摘自「筑紫哲也的電視現論　茶室之神」一九八七年七月）

我喜歡狠狠跌過一跤的人

我不是喜新厭舊的人，總覺得無論是東西還是人，稍微壞掉、修補一下也沒什麼不好。我喜歡狠狠跌過一跤的人。好比因為捲入某件事而成了別人眼中的廢人，雖然這麼說很奇怪啦！但這種人明白跌入人生谷底是怎麼一回事，最清楚什麼叫作痛，所以能和他聊很多事，也能看看他今後有什麼變化。

（摘自「母親樹木希林向親友坦言『七夕婚禮』的所有秘辛」一九九五年七月）

我家還是用真空管電視

我會用舊襪子、舊襯衫當作清掃工具，也就是用到最後一刻。總之，就是抱著讓東西「物盡其用」、善用一切的想法生活，所以我這個人不會喜新厭舊。可能說出來，大家會嚇一跳吧。我家還是用真空管電視哦！

其實人也一樣，想著善用自己，活得很充實，就是身為人最至高無上的幸福，不是嗎？只要這麼想，就會領悟到人會生病，生命有限。我到現在還是自己處理工作方面的事，因為要是請誰來當經紀人，就得對他的家庭有份責任，問題是連自己都不曉得將來會怎麼樣，又如何對別人負責？能夠好好地、簡單地為自己的人生劃下句點，就是我的最終目標吧。

（摘自「即使癌細胞轉移全身各處，我還是想善用自己直到嚥下最後一口氣」二〇一四年五月）

人能夠切實感受到「死亡」，就能好好活著

我即將和女兒他們一家人同住；雖然希望別麻煩到他們，但多多少少還是會吧。其實一個人住還比較輕鬆自在，但一起住能讓我女兒、女婿，還有孫子們切實感受到我總有一天會不在的事實，如果一直分開住就感受不到吧。人能夠切實感受到「死亡」，就能好好活著。

我希望自己直到嚥下最後一口氣時，還是活得很美。拋棄心中所有執念的同時，也能徹底放鬆。我想成為那種別人看到我時，會不由得屏息的人。一個人的存在感，靠的不是外在形體，而是心的器量。

（摘自「我憧憬的人生最後一哩路」一九九六年九月）

別把孩子當作裝飾用的材料

包括父母在內，我家在演藝圈一向都是走麻煩人物路線（苦笑）。因為不是什麼書香門第的家庭，所以只要孩子交到喜歡讀書、會珠算的朋友，就覺得很開心。但是現在的女人啊，總是把孩子當作墊腳石，用來裝飾自己的東西，所以一旦不如別人，就會很失落。為人父母啊，別把孩子當作裝飾用的材料。

（摘自「這位女性的人生軌跡」二〇〇一年七月）

好好的受過傷，好好的嘗過挫折，這些都能化為人生的養分

活著就是一條要經過各種地方，最後如何長眠墓地的路。至於要如何達到自己想要的結果，只能不時用些能夠說服自己的方法了。無論途中經歷了結婚、離別、還是工作，只要好好的受過傷，好好的嘗過挫折，這些都能化為人生的養分。以前的我要是被認識的人傷害，就會想用橡皮擦抹去這段人生；但是活到這把年紀，反而懷念起那些曾經傷害過我的人……。能夠默默地在心裡跟自己說「沒事」，這種感覺真好。

人帶著善、惡與欲望來到這世間。我想一點點地削落，回歸原處，最後連樹木希林這層「皮」也褪去。或許因為我是那種不懂得矯飾自己的人，才會這麼想吧（笑）。

（摘自「這位女性的人生軌跡」二〇〇一年七月）

「人有一生，有二生，有三生」

我認為生死沒有界線之分，也不覺得死亡有什麼特別。

有句經文：「人有一生，有二生，有三生。」原來人不是只有這輩子，還有下輩子、下下輩子，不斷遭遇各種試煉與磨難。我們無法決定這輩子的一切，就像這輩子是以這張臉來到世上，下輩子也許又變成另一種模樣；雖然不能說是什麼替換靈魂的洋娃娃，但也不用刻意去想「我的人生最後一哩路」會是怎麼走吧。

（摘自「純真老後」二〇〇二年二月）

就是想讓任何素材都能擺在對的位置，發揮效用

我對於服裝、首飾、還是家中擺飾，並沒有什麼特別喜好，只想讓東西擺在對的位置，或是讓它配合現有條件發揮效用。畢竟就算自己再怎麼喜歡，要是擺在不對的地方，就可惜了。

好比我今天穿的這件衣服是用和服布料做的哦！這塊布啊，是要結束營業的和服店剩下來的庫存品，總覺得這花樣做成和服挺俗氣的，所以就拿來做成這件衣服，感覺花樣不會那麼張揚，就是想讓任何素材都能擺在對的位置，發揮效用。

（摘自「這個人說的話是至理名言！」二〇〇二年八月）

我想淡泊地活著，平靜地死去啊

現在的我倒也不是對養身這件事非常感興趣，只是覺得必須愛護自己的身體。考慮到以後可能得坐輪椅，所以新家裝修成無障礙空間；不過要是還沒坐輪椅，就因為喝多了，引發腦血管爆裂可就不妙了。所以要對自己的身體負責，別過著縱欲、糜爛的生活。我不是想活到百歲，只是希望上了年紀，也不覺得苦。只是想不疾不徐，淡泊地活著，平靜地死去啊！

（摘自「這個人說的話是至理名言！」二〇〇二年八月）

現在的我，正一一卸下和這世間連結的各種枷鎖

我喜歡不動產。對於家，有著不小的執著；不過，這份執著在聽聞建築大師柯比意在一處能眺望地中海，也就是他最喜愛的地方蓋了一棟夫妻倆要住的小屋時，我的這份執著瞬間消失。雖然那間小屋不是禪說的方丈之地（約四個半榻榻米大小），但看到如此偉大的建築家完成那麼多曠世鉅作後，最終安身的那棟小屋時，竟然覺得自己整個人也變得好輕盈……。所以現在的我，正一一卸下和這世間連結的各種枷鎖，包括欲望在內囉。

（摘自「喜歡和服，喜歡電影」二〇〇八年一月）

趁還沒嚥下最後一口氣之前，讓自己的心不留遺憾

人生總有一天會走到盡頭，趁還沒嚥下最後一口氣之前，讓自己的心不留遺憾吧。像是和想見面的人碰個面，聊聊天。

（摘自「家族是個無限大的課題。」二〇〇八年七月）

我喜歡上了年紀的感覺，一點也不想變年輕

年輕時重視外表、忙著養兒育女，一轉眼上了年紀，發現自己渾身都是病痛時，心想絕對不能這樣死掉啊！這樣好了，我道歉。反正道歉不需要體力，這方式最適合貪小便宜、小氣的我（笑）。我喜歡上了年紀的感覺，一點也不想變年輕。要是有人發明什麼長生不老藥，我一定大喊：「馬上給我住手～」

（摘自「家族是個無限大的課題。」二〇〇八年七月）

其實，我對於人這玩意兒很感興趣

我討厭人，因為人很煩，所以我沒什麼朋友。我天生有斜視，或許這個缺陷有什麼意義吧。就像明明可以無視，卻看到一般人不會注意的地方，好比看到人的另一面，這一點也是我之所以習慣和別人保持友善距離的原因；但另一方面，我對於人這玩意兒很感興趣，從人的創造力這一點看到人的奇妙之處，不過平常我還是喜歡獨來獨往的感覺。我現在不是站在演藝圈的中心地帶，而是稍微外圍的地方；一處對自己來說，待得最舒適，不需要完全身陷其中的地方。

（摘自「這就是開端」二〇〇八年十二月）

底蘊豐厚的人，無論朝哪個方向發展都不是問題

想想，自己也已經六十五歲了。一直想著自己到底適不適合當演員，總覺得自己沒什麼才華和感性，還想說不如就這樣引退吧。不過啊，果然無論經過多久，怎麼說呢？底蘊豐厚的人，無論朝哪個方向發展都不是問題吧。也是因為演員這份工作，讓我發現這件有趣的事。

（摘自「這就是開端」二〇〇八年十二月）

上了年紀就是學會輕減度日，接受各種不方便

學會輕減度日是最棒的事。要想徹底過著身無長物，避免無謂浪費的生活，第一件事就是盡量不買東西。

我三年前買了兩雙一綑賣的襪子，穿到襪口都鬆了還在穿。胸罩也是穿到都不貼身了還在穿，就像胸部纏一塊布似的，反正寬鬆一點比較舒服。

上了年紀，光是眼鏡就有好幾副，為求輕減度日，就是盡量減少要用的東西，所以我一直努力想著什麼東西和什麼東西可以兼著用呢？想到的那一瞬間真的好幸福（笑）。問我會不會覺得不方便？當然不方便啊！可是上了年紀啊，就是學會輕減度日，接受各種不方便。

（摘自「人生就是不留遺憾，如何成熟的走完這輩子吧」二〇一五年六月）

身輕如燕的人生

我告訴飯店人員，退房之前都不用清掃，因為我每天自己整理房間。也不使用飯店的備品，頂多就是麻煩換條乾淨毛巾，面紙和飲用水也夠用，大概就是這樣吧。怎麼說呢？就是有一種身體變得愈來愈輕盈，身輕如燕的感覺，不會覺得不方便。而且啊，我沒有造型師、梳化師幫忙打理門面。

女演員上了年紀後，要用的東西變得好多，像是化妝品、健康器具之類，真的好多喔！很少有人用一個行李箱就夠裝了。所以這是我和別人不一樣的地方。

（摘自「溫故希林in台灣」二〇一三年十一月）

我的日常生活就是崇尚「用之美」

我不是要刻意突顯自己有多了不起，我除了搭新幹線、飛機之外，也會在尖峰時段搭簡直快擠死人的山手線。還有啊，冬天不是會穿禦寒的毛皮大衣嗎？問題是大衣沒有可以放車票的口袋，於是我請店家幫忙在大衣的右胸位置縫個口袋，結果店家說：「拜託！毛皮大衣哪有口袋啊！」就被婉拒啦。

只好自己用碎布縫了個口袋，好方便喔！索性把所有衣服都縫上放車票用的口袋。我的日常生活就是崇尚「用之美」，也不曉得美不美啦（笑）！只是覺得生活就該因應所需，物盡其用。

（摘自「只要還有一個禮拜可以好好整理，隨時死都可以」二〇一五年六月）

懂得享受自己的變化，才會有賺到的感覺

我當然也遇過不少挫折與失敗，但可能是上了年紀吧。馬上就忘了。尤其是討厭的事（笑）。所以啊，完全不會有「要是那時候，這麼做就好了」這種懊悔心情。比起總是回頭看，往前走不是更好嗎？

年紀大了，有很多年輕時能做的事情都沒辦法做了。這是理所當然的事。與其一天到晚感嘆「以前多好啊」，不如換個角度想：「哦？我還能做這件事啊！」懂得享受自己的變化，才會有賺到的感覺。就像本來沒察覺嘴邊沾到東西，結果不經意發現時，還很佩服自己：「不錯嘛！有發現耶。」像這樣抱著有趣心態看待任何事情，快樂度過每一天，就是最棒的享老方式，不是嗎？

（摘自「上了年紀是一件有趣的事」二〇一五年七月）

能活在感受得到死亡的現實生活中，是多麼值得感謝的事

罹癌一事，改變了我的人生觀。要是沒有罹癌的話，也許我的心情就不會如此平靜吧。「人終需一死」有著這樣的真切感受是一件很重要的事，正因為感受生命有限，才能整理心情。患了癌症這種病，大多還能活上一段時間，所以來得及做好準備。

我很討厭麻煩別人，總覺得成熟大人就是凡事自己打理。能活在感受得到死亡的現實生活中，是多麼值得感謝的事啊！無論什麼時候去到另一個世界都不懊悔，這就是我的人生觀。

（摘自「封面人物　樹木希林」二〇一五年七月）

品味這種東西，不見得能遺傳

要我重讀腳本（戲劇），我寧可用這時間來看住宅情報雜誌，非常喜歡看像電話簿一樣厚的住宅情報誌。記得有一次我從東京搭新幹線去岡山，一趟車程就要四個小時，我在車上一直在看這雜誌。後來在岡山下車時，瞄了一眼旁邊的歐吉桑，居然是花澤德衛（一九一一～二〇〇一，日本演員，主要作品有「八墓村」、「青色山脈」）先生。花澤先生也嚇一跳，還對我說：「想說這個人可真怪，怎麼一直在看住宅情報，沒想到竟然是妳！」（笑）

我倒也不是對建築、裝潢特別感興趣，也不是想靠不動產致富，只是喜歡看著雜誌，想像是什麼樣的家庭住在這樣的家之類，喜歡天馬行空的想像吧。也很喜歡看看實際建築物，譬如市川崑先生位於南平台丘陵上的家，有一整排裝飾成西班牙風的圍牆，真的好漂亮喔。可惜最近被他兒子拆光，變成普通公寓。看來品味這種東西，不見得能遺傳啊（笑）。

（摘自「一切隨心」二〇一五年七月）

我的體內有一塊柔軟部分

我的體內有一塊柔軟部分。想說隨著年紀漸增，逐漸沒了。結果發現並沒有。最近覺得「有這東西還真不錯」，感覺輕鬆多了。

（摘自「七十歲初次參拜伊勢神宮　紀錄片」二〇一四年五月）

我們是彼此的提婆達多

我到現在還會誦經。畢竟一個人住，難免會有「今天都沒和別人講話啊」的時候嘛。這時靜下心來誦經，可以活化身心，也成了我的日常生活一部分了。

我平常會不經意地脫口而出經文裡頭的話。譬如，我在電影（《神宮希林・我心中的神》二〇一四年公開）裡用「對我來說，外子就像提婆達多」這句話來形容我們之間的關係。提婆達多是釋迦牟尼佛的堂兄弟，起初加入釋迦牟尼佛的僧團，後來反叛，成了企圖殺害佛陀的人物。然而，釋迦牟尼佛說因為有提婆達多，他才能悟到更多事。要是將不合自己的意、妨礙自己的東西全都視為惡的話，自然也會把生病一事視為惡，也就無法從中領悟到什麼。凡事都有好的一面，也有壞的一面，互為表裡；承認這一切就能活得更柔軟，不是嗎？所以啊，或許因為外子是提婆達多，我才能活得這麼安穩自在吧。

大家都知道，他是個奉搖滾為神的人，也因此鬧出不少事情。也許看在旁人眼裡，我是那種正經八百的人，他啊，就是那種不按牌理出牌的人，事實上也是這樣沒錯啦！但對我來說，因為和那個人在一起，我才知道自己是個很愛和別人吵架的女人。

我們甚至大打出手到肋骨斷裂；雖然吵得那麼激烈，但現在想想，其實自己心裡也有那種怎麼樣也解不開的渾沌部分，藉由和內田先生這種常會情緒失控的人發生衝突，逐漸被淨化吧。不管是誰都有個對自己來說，像是提婆達多的人；同樣的，自己對別人來說，也可能是提婆達多。總之，我們是彼此的提婆達多，所以不管別人怎麼說，我都不會離開他。

（摘自「即使癌細胞轉移全身各處，我還是想善用自己直到嚥下最後一口氣」二〇一四年五月）

不是因禍得福，而是小氣得福

讓我娓娓道來「祈願」對於我來說，究竟是怎麼回事吧。我會雙手合十，向看不見的無形物祈願是肇因於四十年前左右吧。那時我在西麻布買了一塊約四十坪的地，想蓋房子。可是那塊地原本有一口井和供奉稻荷神的小廟，我擔心如果改建成住家，會不會招來什麼災禍。

那時，我剛好和美輪明宏（日本歌手、演員，是日本知名的男扮女裝藝人）先生合演一齣戲。美輪先生那時還是演男性角色，所以我們演一對夫婦（笑）。我告訴他這件事，他說：「妳要是住在那裡可是會小命不保喔。」還說要幫我介紹日本唯一能淨化井中邪障之氣的得道高僧；雖說別人熱心幫我介紹，但想到請來這麼厲害的人，禮數勢必不能小氣，況且還要設法配合對方的時間也是挺麻煩的，於是我又找另外一位朋友商量，對方說：「既然是自己要住的地方，自己誦經祈福不是最好嗎？」我頓時恍然大悟。

不是消災解厄，而是誦經祈福。其實佛教、神道教並沒有什麼太大區別，我就讀的女校隸屬淨土真宗，旁邊有鬼子母神神社，經常會舉行法會，所以從小就對佛教不陌生，也不排斥誦經一事；再者，我是小氣一族，能省則省，想說「還是自己誦經、祭拜比較好」，所以這件事不叫因禍得福，而是小氣得福吧。

（摘自「即使癌細胞轉移全身各處，我還是想善用自己直到嚥下最後一口氣」二〇一四年五月）

人和神一樣，也是各司其職

折口信夫（一八八七～一九五三，日本民俗學家，國文學者，也是詩人、和歌作家）曾說，雖然日本人遇到佛教這個無比寬容的宗教是很幸福的事，卻也因此忘了打從心底孕育屬於自己的神。我一直不明白這番話是什麼意思。

伊勢神宮祭祀的天照大神，位居八百萬神之首，這裡還供奉了風之神、火之神等各式各樣的神明；人間也是如此，每個人都有自己的職責，不是嗎？這次我去了一趟伊勢神宮，還真的領悟了這番道理。

每個人為了善盡自己的職責，有著屬於自己的神性，就像八百萬神各司其職的道理是一樣的。無論是你還是我都將心中的神投射在一般人都能理解的八百萬神，所以我們會去參拜結集眾神的伊勢神宮。折口信夫想說的是，因為佛教這般恢弘思想傳入日本，反而淡化「每個人心中都有屬於自己的神」這個想法吧。

（摘自「即使癌細胞轉移全身各處，我還是想善用自己直到嚥下最後一口氣」二〇一四年五月）

感謝老天爺賜給我這身「每天都能派上用場」的皮囊

最近我每天都很感謝老天爺賜給我這身「每天都能派上用場」的皮囊，讓我每天都能一步步完成一些事，真的很幸福。也許直到最後都能善盡職責，享受切實善用自己的充實感吧。

（摘自「即使癌細胞轉移全身各處，我還是想善用自己直到嚥下最後一口氣」二〇一四年五月）

我說你啊，這是一種依存症了啦！

我接到不少談談關於「老年」或「死亡」的採訪邀約，多到叫人傷腦筋啊！因為我不曉得要說什麼。問我「如何看待死亡」？我又沒死過，哪知道啊！

問我接受這種採訪邀約有什麼好處？我倒是知道對你有好處。什麼？有人因為我說的話而得到救贖？我說你啊，這是一種依存症了啦！這種事要自己動腦想啊！

（摘自「癌細胞轉移全身各處，演員樹木希林的生死觀」二〇一七年五月）

我要的不是快樂，而是感受人生多麼有趣

我和德永進醫師、谷川俊太郎（日本詩人、翻譯家）先生一起出席鳥取縣某家療養院辦的一場以死亡為題的座談會。我在座談會上提到稍早之前從朋友那裡聽來的一件事。友人的家人得知父親病危時，紛紛趕回來，包括長年住在國外的女兒。

「爸爸！」、「醒醒啊！」大家拚命祈願，心電圖卻傳來嗞、嗞——心跳快要停止的聲音；但是父親似乎聽到大家的呼喚，不久心跳又逐漸回復。就在大家心想太好了，鬆了一口氣時，心跳又快停止，於是大夥又拚命喊「爸爸！」、「撐住啊！」，就這樣反覆喊了好幾次，大家也麻木了。於是，當心電圖又開始發出嗞、嗞——女兒忍不住說：「爸！你到底要死還是要活，給個答案吧。」

所有人當場爆笑，而且是在探討死亡的座談會上提到這件事，不過大家應該明白家屬那種心情吧？這件事還有後續，後來遺體不是要送往火葬場火化嗎？親友在休息室等待，大概一個鐘頭後殯葬人員通知大體已經圓滿火化，於是女兒便對大家說：「爸爸已經烤好了。」

人世間就是這麼有趣啊！現實生活比我們腦子裡成天想著「老了會怎麼樣」、「死了又會怎麼樣」的矛盾世界來得浩瀚多了。總是有許多意想不到的事，所以我要的不是快樂，而是活著感受人生多麼有趣，畢竟快樂是一種客觀行為，只有投身其中，才能明白箇中滋味。人生在世要是不覺得有趣，就很難走下去。

（摘自「癌細胞轉移全身各處，演員樹木希林的生死觀」二〇一七年五月）

現在的人啊，都沒辦法死得漂亮

現在的人啊，都沒辦法死得漂亮。只是在想自己到底還能活多久？既死不了，也活得不漂亮。

不是有彼岸和此岸的說法嗎？另一個世界是彼岸，我們處的這一邊是此案，因為有此岸，才會有彼岸的說法，不是嗎？也就是說，活著是平常事，逐漸死去也是平常事。

（摘自「來自樹木希林的電話」二〇一七年一月）

沒了「追求更好、更多」的心情

現在的我沒了「追求更好、更多」的心情，也不再總是想著「不應該這樣」、「應該要那樣」，而是試著俯瞰自己，告訴自己「現在能這麼做是多麼讓人感激的事，這是本來不可能發生的事」，也就不會再要求更多，整個人一下子輕鬆不少，當然也不會和別人比較。

這是生病後才有的心境吧。不曉得自己哪天會死，但也沒有就此放棄，這樣的狀態竟然還能活到現在，忍不住想誇獎自己幹得好啊！何況還有那麼出色的作品找我演出，我真的很幸福。

（摘自「封面的我　就是原本的模樣」二〇一八年五月）

幸福不是「唾手可得」，必須「靠自己發現」

要怎麼做，才不會受別人的價值觀左右？不就是學習「獨立」嗎？思考自己想做什麼？應該做什麼？當然，或許有時依賴別人也不錯，但也要想想無法向別人求助時，自己該怎麼辦。說得明白一點，就是以輕鬆幽默的心情看待這樣的情況。畢竟幸福不是「唾手可得」，必須「靠自己發現」。哪怕是平淡無奇的日常生活、毫無價值可言的人生，只要試著以輕鬆幽默的心情看待，就能從中找到幸福。

（摘自「『應該不是這樣』這就是人生」二〇一六年六月）

我奢望自己能被淨化，平靜地死去

問我有沒有什麼事情還沒做？沒耶。因為我本來就沒什麼欲望。當然，我會每天反省自己的言行，直到離開這世間。

不過，我奢望自己能被淨化，平靜地死去；如同《法華經》所言：「薪材燒盡，火自滅。」這就是我的理想。我想向幫助過我的人說句：「對不起，給你添麻煩了。」就這樣燃燒殆盡，該有多好啊！我啊，想以身為一個人，而不是身為女演員，平靜地死去。如果哪天我從舞臺上消失的話，就當我不存在吧。

（摘自「『我』與『家人』的故事」二〇一五年六月）

無論過著什麼樣的人生，最後都是以「悲哀」劃下句點

「很有趣，但結果很悲哀」。

我覺得人的存在就是一件「結果很悲哀」的事。日本自古以來有所謂「無常」的美學觀，無論過著什麼樣的人生，最後都是以「悲哀」劃下句點。

（摘自「老媽、裕也與女兒・也哉子」二〇〇七年五月）

「謝謝問候。您是誰啊？」

我臨終時，要是丈夫問我：「喂、妳還好吧？」我只想回他：「謝謝問候。您是誰啊？」（笑）。

（摘自「真理子的來賓對談集」二〇一六年五月）

也沒有搖滾歌手像你一樣有三個孫子吧？

問我現在幸福嗎？這個嘛……應該很幸福吧。因為內田說：「有哪個女演員像妳一樣有三個孫子啊！」我也不服輸地回嘴：「也沒有搖滾歌手像你一樣有三個孫子吧？」內田被我說的啞口無言，只能說：「嗯……也是啦！我也很幸福！」（笑）。

（摘自「花與遺照」二〇一六年六月）

我希望臨終時，女兒能對我說：「媽，妳真的很棒！」

想想，還是猝死最好。我的父母都是七十幾歲時，臥病在床一個禮拜後去世。沒有拖磨到子女，真的很感謝。我也很想像我的父母一樣，臨終時，女兒能對我說：「幹得好！」

（摘自「隔了八年之久，兩人再次同台！特別對談」二〇一六年六月）

【第二章】家族這件事

樹木女士與內田裕也於一九七三年再婚，也就是她三十歲那年。一九七六年，長女也哉子出生。一九八一年，希林女士三十八歲時，內田擅自提交離婚申請書，樹木女士訴請離婚無效，最後勝訴。一九九五年，也哉子與演員本木雅弘結婚，兩人育有二兒一女，長子雅樂成了時尚圈模特兒，目前還是學生的女兒伽羅已有演出經驗，以及次子玄兔。也哉子與伽羅分別與希林女士合演過兩次電影。

2017 年年初，於東京都內拍攝的全家福照。左上從希林女士開始依順時針方向。

內田雅樂、也哉子、本木雅弘、內田伽羅、裕也、玄兔等。

我家真的是很好笑的家庭

家母在神田的神保町經營咖啡店時，認識當時是轄區警察的家父（後來成為琵琶演奏家），於是家母與比自己年輕的家父再婚。父親是日本少見的寵妻男人（笑），記得母親接受大手術，命在旦夕時，父親每天去醫院，消沉模樣連護士們都說：「他太太要是不行了，恐怕要辦兩次喪禮吧。」

幸好母親手術成功，兩人還是感情很好地生活著。後來母親的病情又惡化，父親身邊恰巧出現別的女人，不過也因為這樣，母親去世後，有著愛情滋潤的父親才沒有哀痛地倒下囉（笑）。

所以看著這樣的父親，就覺得為了還在世的親人，找到下一個生活重心是多麼重要的事。我家真的是很好笑的家庭，雖然很複雜，卻很有趣。我不知道這種感覺對不對啦，但夫妻要是死後能葬在一起，後代子孫也比較安心吧。當然孩子要是離婚了。父母的心情肯定比當事人更複雜。同樣的，子孫看著父母不管怎麼樣，還是在一起也比較安心吧。

（摘自「家族是個無限大的課題。」二〇〇八年七月）

我的行為讓父親頗傻眼

父親每次出門工作之前，都會叫我坐上妹妹的嬰兒車，就這樣推著車子送我去幼稚園。我都這麼大了還坐嬰兒車，真的很丟臉，不是嗎？所以每次快到幼稚園時，我都叫父親「快回去啦」，可想而知他有多麼傻眼（笑）。

小時候的我很文靜，在幼稚園時也不太講話，所以不是那種討人喜歡的小孩。我看著幼稚園的團體照，發現自己總是和旁邊的孩子保持距離，明明是自己生性孤僻，卻有一種遭到排擠的感覺，我就是這種人。

（摘自「這就是開端」二〇〇八年十二月）

我是個總是坐在最前面，有權力轉台的討人厭小學生

因為母親是開店做生意的商人，所以有能力在只有電器行才有電視的年代買這種奢侈品；而且我們家會打開窗戶，讓附近鄰居也一起看電視。那時的我是個總是坐在最前面，有權力轉台的討人厭小學生。

像那種和別人擠在狹小空間一起生活的孩子，通常心胸比較寬大吧。擁有自己房間的我卻成了任性又討人厭的傢伙，不過討人厭的部分對我的演技還頗有用就是了。

（摘自「深入探討這個人！」二〇一六年六月）

小時候尿床一事讓我很自卑，也在心裡烙下陰影

現在想想，我直到小學三、四年級還會尿床一事讓我很自卑，也在心裡烙下陰影吧。爸媽不但沒有罵我，還一直安慰我，說沒關係、沒關係，帶著我一起曬棉被。我請假沒上學，父親還很高興地說，這樣就可以陪在我身邊。我明明是在這樣的家庭環境中長大（充滿愛），卻成了個性彆扭又惹人厭的傢伙。每次有客人來我家，生性害羞又怕生的我從來不敢主動打招呼，個性就這樣漸漸變得孤僻；總之，事出必有因囉。後來成了演員的我也頗反骨——

當初報考文學座時，我本來想當藥劑師，結果考試前因為滑雪受傷骨折，沒辦法應試。因為母親開店做生意，我其實可以幫忙看店，不必找工作；但我實在不想去念料理學校或服裝學校，所以在找有哪裡可以報考時，偶然發現文學座刊登在報紙上的招生廣告。

（摘自「這位女性的人生軌跡」二〇〇一年七月）

要不是我打好地基，這個家早就垮了吧

我覺得自己是個怪胎。我知道自己不是那種很有愛的人，也不至於冷酷就是了。但別人大概覺得我是個冷漠、無情的人吧。

我不像大部分的人那樣會對什麼很執著，無論是對於丈夫、對於女兒、甚至對於自己，絲毫沒有半點執著。

為什麼會變成這樣的人呢？我想了想，發現自己從小就覺得「活著這件事很累」，就是抱著這樣的想法活到現在。

我從小就不是那種頭好壯壯的孩子。記得小學運動會參加障礙賽跑時，我還沒跑到終點，就被老師說：「好了。不用跑了。」叫我退場。

小時候的我不太愛說話，很文靜。聽說當時住在三田札之辻的鄰居們聽到我進演藝圈，還不敢置信地說：「那個不愛說話的啟子居然當女演員耶！」引起一番騷動的樣子。

因為父親是薩摩琵琶演奏家，所以只要有空，一整天都面帶笑容地彈奏琵琶。問題是，不可能靠彈奏琵琶維持家計，所以我家是靠母親辛勤工作、努力持家，所以父親還被大家語帶諷刺地說：「真是含著金湯匙出生啊！」

我對演藝事業的態度和父親很像，一旦對一件事情很熱中，就會歡喜投入。不過，建立自己的家庭這一點倒是深受母親的影響吧。

好比就算支撐家庭的大柱子稍微歪掉，只要打好地基，這個家就能維持下去。我從原生家庭理解到所謂家族、父親、母親的角色就是這麼一回事，所以對於我的婚姻生活就是要不是我打好地基，這個家早就垮了吧。

（摘自「老媽、裕也與女兒・也哉子」二〇〇七年五月）

真是有其母，必有其女

我媽擔心半夜受涼，所以會用口罩罩住額頭睡覺，反正她做的每件事常常讓我很傻眼。可是想想，我自己好像也會這麼做，真是有其母，必有其女啊（笑）。

（摘自「從五十歲開始，人生以十年為單位來劃分」二〇一六年六月）

我能為男人做的就是給予、彌補他欠缺的部分，這就是我的存在價值

我覺得男人就是個裝飾品（笑），沒有詆毀的意思喔！只是就算這個裝飾品再怎麼氣派，要是地基沒打穩，也會垮吧。

問我為什麼不和另一半離婚啊？因為對我來說，他是個很稱職的擺飾（笑），稱職地扮演著有夢最美，希望相隨的裝飾品。當然，他在成為裝飾品之前經歷過很多事，就算搞得周遭人暈頭轉向，他也無所謂。只是，我們還是沒辦法住在一起囉（笑）。

因為我不知道如何培育一個人，所以我能為男人做的就是給予、彌補他欠缺的部分吧。我想，這就是我的存在價值，讓我活得有光彩吧。

（摘自「現代社會哪還有貞潔烈女……」一九八八年三月）

外子的優點就是突顯別人的優點

我們吵了三年的結果就是我搬出去，兩人分居。基本上，我沒有為外子做過什麼，所以也無權批評他在外拈花惹草、惹事生非；儘管我們的關係走到這地步，我覺得外子還是最理解我的人。

說來還真是不可思議啊。以前我們在法院針鋒相對，在公眾面前鬥個不停，我成了被丈夫臭罵的妻子。不過，外子和某位女星傳緋聞時，我們一家三口還去照相館拍全家福照呢！

後來我們見面時，看他頹喪地低著頭，就這麼鼓勵他：

「雖然你的日子過得亂七八糟，但我也沒資格對你說長道短就是了。總之，你就讓遇到你的人能夠發揮優點，變得比遇到你之前更好吧。而且是不分男女哦！因為這就是你的優點。」他聽到我這麼說之後，說了句「好開心啊」。外子的優點就是突顯別人的優點；對演藝圈來說，他那骯髒、混亂的心可是彌足珍貴。我們的全家福照真的很有趣呢！孩子的表情看起來像家長般嚴肅，我和外子卻笑瞇瞇的，一臉天真樣。

（摘自「什麼是與男人『感應』相伴的生存之道」一九八八年十一月）

我們對彼此中毒，無法自拔

內田他啊，不是很有人緣的人，他也沒遇過像我這麼有韌性的女人，所以我們對彼此中毒，無法自拔，也就無法分開。

不過啊，我女兒看到他和某位女星在夏威夷的合照，潸然淚下地說：「……不覺得這樣很過分嗎？」但她難過一分鐘後，馬上又率性地說：「吃飯吧！」我默默地看著她，不曉得該說什麼，卻不由得佩服女兒的感性，也期待她將來的發展。

女兒有著身為人、身為演員的我最欠缺的東西。外子每次和我碰面都會說：「妳教出個好女兒啊！」我總算明白這句話的意思。那時的我啊，一直散播負面的病毒，所以風評很差。外子也是衝動派，聽到別人在批評就一副要和對方幹架的樣子。他常說：「我老是替妳收拾善後，累死了。」不過他的善後方式有點特別就是了。

（摘自「什麼是與男人『感應』相伴的生存之道」一九八八年十一月）

對我來說，我和內田的可怕戰爭是必須打的仗

最近發生一件很好笑的事。我認識一位中國籍算命師，說要幫我算命，我本來不想的，但他硬是要幫我算。他批了我的生辰八字後，告訴我：「妳的夫妻宮很差，對你先生來說，妳是顆凶星哦！」我笑著回他：「我知道啊！」（感慨良深）。

對我來說，我和內田的可怕戰爭是必須打的仗（兩人常會為些雞毛蒜皮的事起口角，好比內田先生會衝著吃玄米的樹木女士大吼：「要是那麼在意健康，就玩搖滾啊！」）；雖然每次都讓我打仗打得心力交瘁，卻也得到來自周遭人的安慰，而且內田每次戰到後來都會說「我累了」，還不忘補一句：「我可是努力讓妳的情緒很 High 哦！」

雖然世人不認同我的想法，我倒覺得一切都很理所當然。起初也覺得自己幹嘛非得和這麼可怕、個性這麼衝的人在一起，現在卻打從心底同情他遇到我這個叫人傷腦筋的老婆吧。

（要是聽到他又交了新女友時）心裡當然很不是滋味，卻也覺得他還是活得很酷啊！還會對他說：「是喔。我是有點不高興啦！但也鬆了一口氣囉。你要和她結婚嗎？」每次內田又提要辦離婚手續時，我就回他：「這是兩碼子事吧。」相反的，他沒有提這種事的時候，我就會說：「必要的時候就離婚吧。」（反正我就是一副老神在在樣）。就某種意思來說，沒辦法讓男人活得很帥的我是個不稱職的妻子吧。

（摘自「這位女性的人生軌跡」二〇〇一年七月）

被拯救的人，其實是我

那時他經常對我家暴，我也還以顏色，搞得家裡一團亂，還曾被我家附近的五金行老闆問：「妳怎麼老是來買菜刀啊？」（笑）。

也許大家都認為我是家暴受害者，其實我很感謝內田。年輕時的我心裡懷著像是岩漿般的激烈情感、自我意識又強，總是滿腦子疑惑地問自己：「這樣子要怎麼活下去啊？」那時我認識比我情感更激烈、個性更衝的內田，和他在一起時，竟然覺得自己其實挺正常的，心情也輕鬆不少；所以被拯救的人，其實是我。

年輕時候的我真的過得很辛苦啊！不過隨著年紀愈來愈大，彼此的個性不再那麼衝撞，也抓到最適當的距離，只是花了一點時間才摸索出來就是了（笑）。

（摘自「『我』與『家人』的故事」二〇一五年六月）

多虧妻子這身分讓我懂得節制

我和外子一年大概見個一、兩次面吧。反正只要知道他還好好活著就行了。我很佩服那種「能和別人一起融洽生活」的人，因為我的個性不適合和別人朝夕相處。

外子是個很難搞的人（笑），我也不遑多讓就是了。

一起參與演出《橫山家之味》這部電影的YOU（日本女演員、歌手，也是時尚模特兒）曾對我說：「裕也先生是個怪人，可是我覺得媽媽比他更怪。」

常被別人問我們為什麼不乾脆離婚，要怎麼說呢？也許有理由吧。反正結果就是這樣。況且有另一半在很方便啊！因為有那樣的丈夫，多少幫我守住了一些東西；多虧妻子這身分讓我懂得節制，起碼別人不會對我這個有夫之婦起邪念，至少年輕時的我也是會被搭訕嘛！不過，我倒是沒問他有老婆的感覺如何？所以也不知道他怎麼想。

（摘自「多虧妻子這個身分，讓我懂得節制」二〇一五年六月）

「人家經營花店也是要生活啊！」

我覺得內田比我體貼哦！那個人不管對誰都很體貼。年輕時的我有一次去觀賞森繁久彌先生演出的舞臺劇，看到送他的花都有點枯萎了，當下覺得「好浪費喔」。後來我演出舞臺劇，通知親朋好友「不要送花」，結果還是收到不是很熟的人送來的花（笑）。

內田知道後，氣得大罵我：「人家經營花店也是要生活啊！別到處大聲嚷嚷叫別人不要送花！」所以我只好小聲說（笑）。又有一次，他為了去夏威夷，叫我陪他去買套新西裝，可是他明明有很多套很像的西裝了。所以真的不曉得要挑哪一套才好。於是他很不高興地叫我：「妳也買一下啊！」說什麼人家開西裝店也是要生活之類的。那個人啊，就算皮夾裡只有三萬，也會當一百萬來用，沒在分什麼自己的錢還是別人的錢，可見他比我正常多了。

（摘自「花與遺照」二〇一六年六月）

認同現在的一切，接受現在的一切

怎麼說呢？我們現在的關係（夫妻關係）又回到原點吧。

在人生即將落幕的時候，回到這樣的關係也是挺不錯的謝幕方式；可以告訴孩子、告訴孫子，我們一路激戰過來的人生吧……。打了好漫長的一場仗，才走到這裡，也到了要老老照護的時候了（笑）。

這種事不是用一句「太好了」就能道盡一切。人啊，只要改變看待事情的觀點，就能活出不一樣的人生哦！

我告訴自己「妳變得溫柔多了」（笑）。與其說是溫柔，應該說是體恤吧。變得比較會考量別人的感受，嗯……怎麼說呢？就是理解吧。還是認同呢？認同丈夫、當然也認同孩子。總之，就是認同現在的一切，接受現在的一切，這樣就會覺得輕鬆多了。

（摘自「我想過著不虛偽的人生，所以才會維持這樣的夫妻關係」二〇〇九年一月）

只要一句話，就能療癒漫長的夫妻關係

我那將近百歲的大伯母啊，真的是個為家庭任勞任怨的女人，誰叫他老公吃喝嫖賭樣樣來，就是明治時代常見的那種渣男。伯父年近六十因病住院，臨終前對他老婆說了句「給妳添麻煩了」。含辛茹苦養育子女、一肩挑起重擔，就這樣吃苦吃了一輩子的大伯母卻因為伯父這句話，原諒過往的一切，還比伯父多活了超過四十年。

我覺得我們也會像現在這樣活下去吧。或許也會因為一句話，化解一切恩怨吧。沒錯。我覺得只要一句話，就能療癒漫長的夫妻關係，不是什麼多溫柔的話，而是丈夫溫柔地對妻子說一句能夠融化她的心。

想想，如何表達這件事還真是有趣啊！當然，不是要大家當個巧言令色的人。

（摘自「我想過著不虛偽的人生，所以才會維持這樣的夫妻關係」二〇〇九年一月）

要是不向他道歉的話，總覺得我會帶著遺憾死去

得知自己罹癌時，知道時日無多了。那時想著自己還有什麼非做不可的事；孩子已經獨立了。也有了孫子，孫子有爸媽在照顧。

最讓我掛心的還是外子吧。雖然我不覺得自己有多麼惡劣（笑），但對於有些事長久以來都擺爛就是惡劣。我不去想他的不好，而是一直思索我犯的錯，覺得要向他道歉才行。要是不向他道歉的話，總覺得我會死不了；不過，要是讓他知道我這麼想，也很麻煩就是了（笑）。因為我們每次通電話時，他都會突然暴怒，所以最近都是盡量用傳真聯絡。

後來我們還是碰面。一開始外子情緒很High，一直說個不停，我好不容易開口：「今天……」就被他打斷，說些無關緊要的平常事。畢竟三十年來，我們都沒有像這樣面對面好好講過話，他也覺得很尷尬吧。不過，我知道要是錯過這次，可能再也沒有這樣的機會了。所以吃完飯後，我端坐著，一臉認真地對他說：「一直以來你對我有很多不滿吧。真的很抱歉，對不起。」雖然這麼做很刻意，但我真的是懷著歉意向他道別。我們雖然是夫妻，卻是無法好好溝通的夫妻。

感覺我們的婚姻生活維持不到幾個月，但因為我生病的關係，能夠走到這一步也是莫大收穫吧。

聽說我們碰面後的那天晚上，外子找朋友在蕎麥麵店喝啤酒，竟然喝了二十壺左右。聽一起喝酒的朋友說，內田的心情非常好，看起來很開心的樣子，還是第一次看到他這樣子。我聽到時，想說自己死而無憾了。

（摘自「歡迎宇津井健先生、樹木希林女士。」二〇〇七年一月）

一直堅持是對方的錯，肯定會迸出更多麻煩吧

我當然也會覺得他（內田）有時讓我很丟臉（笑）。不過，我要是告訴他，我們的關係肯定更糟。況且一想到自己當時的心情，與其說對內田很抱歉，不如說有一種自己給大家添麻煩的歉疚感。

我想，這種心情是日本人的一種特殊情感。

在國外要是兩輛車子擦撞，雙方肯定不會道歉，爭論是誰不對；但我覺得日本人自古以來不管是不是自己的錯，都習慣先道歉。要是一直堅持是對方的錯，肯定會迸出更多麻煩吧。基本上，我沒力氣和別人吵，也覺得沒必要把戰鬥力浪費在這種事情上。

（摘自「老媽、裕也與女兒・也哉子」二〇〇七年五月）

從沒想過會從外子口中聽到「那時沒離婚真是太好了」這句話

我和外子碰面後過了一年，我們一起去藤村志保（日本女演員，代表作有電影《太閤記》、《三姊妹》）女士位於輕井澤的別墅打擾。回去時，有一對氣質高雅，滿頭白髮的夫妻向我們打招呼，我們也回應「您好」，卻想不起來他們是誰。後來搭上新幹線才想起來，原來是我們三十年前鬧離婚時，幫忙協調的律師。

那位律師曾對我說：「既然在一起那麼痛苦，不如離婚吧。」（笑）但因為我堅持不離婚，外子也拿我沒辦法（笑）。

然後啊，我們坐在電車上時，外子對我說：「我說妳啊，不但結了婚，生了孩子，還有兩個孫子（現在有三個），是個很幸福的女演員啊！大部分的女星的人生可是很坎坷呢！」我也不由得回道：「有孫子的你不也是個幸福的搖滾歌手嗎？」兩個人都覺得自己很幸福，他還說：「那時沒離婚真是太好了。」

從沒想過會從外子口中聽到「那時沒離婚真是太好了」這句話。雖然覺得兩人這幾十年來的互鬥真的很無謂，但現在的我們懂得尊重彼此，體諒對方，維持著還不錯的關係，讓我不禁感嘆也有這樣的夫妻關係啊！我到現在還是認為遇到他是我人生的珍寶。

（摘自「歡迎宇津井健先生、樹木希林女士。」二〇〇七年一月）

「不敢吃和平」（笑）

我們一家三口去某家知名瑞士餐廳吃飯。點餐時，我們問服務人員這裡的招牌料理是什麼，服務人員說是「烤乳鴿」，外子說：「那就點這道吧。」我馬上說我不吃，女兒也說她不吃，結果外子不以為然地說：「都來這種地方了，當然要吃這道料理啊！」

然後當這道「烤乳鴿」上桌時，我心想「原來是長這樣啊」。過了一會兒，他要我們也嚐嚐，我說：「我不是說我不吃嗎？」女兒也附和，結果他把主廚叫來，對人家說：「她們不敢吃和平。」（笑）。還說：「鴿子是和平的象徵，所以她們不敢吃，你們拿去吃吧。」（笑）。真的很有趣吧。

（摘自「用之美，魯山人」二〇〇三年十一月）

我最討厭媽媽這時候的表情

人家說孩子是另一個自己，但我女兒的個性和我們完全不一樣。前陣子，她去某家店，店裡有個女人對她說：「我是妳媽媽的朋友哦！」我問了那個人的名字，很生氣地說：「我是認識她，但我們不是朋友。」這女人是某個和尚的小三，成天無所事事，窩在人家開的洋服店閒嗑牙。

我不由得豎起小指，對女兒說：「那女人是這個哦！」（暗指對方是小三）。只見女兒不太高興地說：「知道啦！別說了。」我又補了一句：「是真的啊！」沒想到女兒繃著臉，對我說：「我最討厭媽媽這時候的表情！」原來她最討厭母親批評別人時的表情。可能是看到我這樣子，覺得很不好吧。所以我得好好反省才行。

（摘自「什麼是與男人『感應』相伴的生存之道」一九八八年十一月）

明明買得起卻不買，也是一種能力

如果問我曾為女兒做過什麼，那就是打從入學面試開始，我完全不會因為別人怎麼樣，我們就要怎麼樣，別人有什麼，我們就要買什麼，抱著這種比較心態。我從沒買過T恤給她，都是穿她爸的舊衣服。她念小學（國際學校）要換制服時也是，我說穿舊的就可以了。也就沒幫她買新制服。後來那孩子用自己存的錢買制服。朋友知道這件事，都說我女兒好可憐。可是，明明買得起卻不買，也是一種能力啊！

（摘自「這位女性的人生軌跡」二〇〇一年七月）

我們母女之間這種不可思議的距離感，從也哉子小時候就一直是這樣

我們母女之間這種不可思議的距離感，從也哉子小時候就一直是這樣。我送她出國留學，母女倆暫時分開過好幾次，我從沒寫信給她。

還是小學生的也哉子去美國唸書時，我帶她去寄宿家庭，趁她和附近小朋友玩在一起時，我就走了。結果連一封信也沒寫給她。

後來也哉子去瑞士讀高中，想說她跑去比美國還遠的地方，聯絡起來也比美國更麻煩吧……。全班只有也哉子沒收過信、傳真、禮物，也沒收到過任何日本寄來的包裹。

可是有一次，我突然用紙箱裝了很多東西寄給她。班上同學很驚訝地說：「也哉子他家寄東西給她耶！」一群人好奇地圍著她。結果拆開一看，都是些家裡用不到的東西（笑）。雖然寄件人不記得當初為什麼要寄這些東西，總之，聽說那時同學都露出不解的表情。

（摘自「老媽、裕也與女兒・也哉子」二〇〇七年五月）

那孩子的存在，就是療癒人心

那孩子（也哉子女士）的存在就是療癒人心吧。無論是和多麼有名的人見面，還是在車站擦身而過的人，她待人的態度都一樣。我覺得這就是她的財產吧。就算父母沒這麼教育她，這世界也會這麼教育她。就某種意思來說，她有著能為她加分的性格。

（摘自「這位女性的人生軌跡」二〇〇一年七月）

我沒再幫助過她什麼，也不再幫她擔任何責任

大概十年前吧。那時十九歲的也哉子告訴我：「有人建議我出書。」我非常反對。「妳那種小學生等級的作文，給我看看就行了。明明連作文都寫不好，還跟人家出什麼書，只是留個笑柄罷了。」我很反對。「別人說我寫得很好啊……」女兒就是不放棄，決定出書，從此走上作家這條路。

那天之後，我不再把女兒當小孩子看，覺得她已經是個獨立的大人。同時，我沒再幫助過她什麼，也不再幫她擔任何責任；對於她做的任何事，我都抱著一概不過問的態度。

說到這個，昨天晚上她在為長子的事情煩惱嘆氣時，我佯裝不知地問她：「妳那邊還有酒嗎？」她口氣消沉地說：「有啊！」我說「那我去拿一點囉！」就跑掉了（笑）。畢竟我的人生也是過得一團亂，實在沒資格幫人家解憂。

（摘自「老媽、裕也與女兒・也哉子」二〇〇七年五月）

我再三提醒女兒「不可以嫁給長子哦！」

我喜歡看住宅之類的不動產，還有墓地，早在幾年前就買了不錯的身後長眠之所。買的時候並不打算立刻造墓，但剛好內田的母親亡故，便讓無法入內田家祖墳的婆婆長眠在我買的這塊墓地。

我也是在這時察覺到一件事，那就是我們夫妻身歿後，女兒也嫁人的話，就沒人祭拜我們了。所以我再三提醒也哉子：「妳必須擔起祭拜先祖的責任，所以絕對不能嫁給長子哦！」（笑）。「就算只剩那種不但沒有家產，還欠了一屁股債的人家，要是不能入贅就不行。」所以本木雅弘先生向也哉子求婚時，她說：「可是必須入贅我家才行。」（笑）。身為次子的他肯定相當煩惱吧。但還是接受了。

大家千萬別誤會啊！本木先生之所以願意入贅，絕對不是想從內田家討到什麼好處，畢竟裕也有不少叫人不敢恭維的地方，所以沒半點好處可討。不過，最近我覺得孫子和他外公還真像（笑），常做些令人瞠目結舌的事，也有很纖細敏感的一面、猶豫不決，搞得他爸媽也很傷腦筋。

（摘自「老媽、裕也與女兒・也哉子」二〇〇七年五月）

還是把錢花在培養自己的感性比較好

那孩子（也哉子）上了國中後，我也沒買過衣服給她。當然，我告訴她重視物質生活是很沒意義的事，所以她很會用現有的衣服穿出自己的風格。我覺得比起買東西，還是把錢花在培養自己的感性比較好。

我不知道本木先生是看上我女兒哪一點，但他向也哉子求婚後，還補了一句：「如果妳拒絕的話，我大概到五十歲都結不了婚吧。」還說：「要找到下一個對的人，真的很難啊！」二十八歲的年輕人竟然說出這種話啊……。

如果也哉子拒絕他的話，他大概明年又找到新歡也說不定哦（笑）！

（摘自「本木 內田也哉子小姐的『七夕婚禮』特別企劃1」一九九五年七月）

婚禮不僅是儀式，也是一種對婚姻負責的態度

我告訴女兒一定要舉行婚禮的理由，就是「用這件事情表現自己」，也就是向大家宣布「我們結婚了」，這就是婚禮的意義。就算哪天兩人真的走不下去了，曾經有過的婚姻生活也能讓當事人有所成長。當然也有人選擇同居不結婚或是閃電入籍，然後不合就分手；但婚禮不僅是儀式，也是一種對婚姻負責的態度，背負這種責任的人，才能成長。

（摘自「母親樹木希林向親友坦言『七夕婚禮』的所有秘辛」一九九五年七月）

要對自己做的事負責到底

呵呵呵！我女兒說要弄成傳統日式髮型，可是她平常都是挑染成藍、白色，所以我說：「妳就用這髮色弄成日式髮型啊！」只見她露出頗為困惑、猶豫的表情，一副妥協的口氣說：「果然弄成日式髮型時，還是黑色比較好。」（笑）我忍不住板起臉回了句：「這種事可不能隨便！」畢竟態度要是不嚴肅一點，無法改變對方。總之，要對自己做的事負責到底，這就是我的教育方式。

（摘自「母親樹木希林向親友坦言『七夕婚禮』的所有秘辛」一九九五年七月）

我和家人在一起時，感覺最緊張！

我們家的人常會說什麼：「啊、又不小心說溜嘴了。」不然就是「真想刪掉剛剛說的話」因為我們家的人都很敏感，連孫子也會對我說：「外婆剛才說錯話了。很傷人耶！」說得我啞口無言，沒臉辯解。

其實有件事讓我深切反省。不知道為什麼，我和孫女伽羅就是不太合拍。怎麼說呢？很少和我說話的她一開口卻是用低沉聲音說：「我討厭阿嬤。」那樣子一點都不可愛。孫子雅樂就貼心多了。我拿人家送的點心給他們吃時，馬上就對他妹說：「妳看，阿嬤對我們很好吧。最喜歡她了。對吧？」

有一次，我和伽羅一起去參加某個朋友辦的聚會。走在路上時，因為很危險，想說牽她的手，沒想到她馬上縮手，一時很火的我迸出這句話：「幹嘛穿成這樣？怪里怪氣的！」其實我一直都看她這身衣服很不順眼。

後來我中途就離開了。赫然發現我不在的伽羅還嚇得大哭。隔天，也哉子對我說：「媽，可以請妳不要對她說那種話嗎？那件衣服是別人送她的，其實她也不喜歡啊！可是想說送的人也會出席聚會，所以為了謝謝對方，她才穿那件衣服赴約。」原來如此啊！

看來，我和家人在一起時，最緊張啊！

（摘自「畢竟是家人，有摩擦也是在所難免」二〇〇八年六月）

只能說，出生演藝世家有好處也有壞處

（如果孫女說她想進演藝圈呢？）只能說，本來就有這樣的遺傳基因吧。這也是沒辦法的事。當個演藝人員當然有好處，出生演藝世家有好處，也有壞處，如果了解這一點的話，我是不會反對啦！

（摘自「一旦成為公眾人物，就沒有隱私可言，演藝圈可不是這麼好混的地方哦！」二〇一五年六月）

只是想說，原來這個人是這種個性啊！

女兒一家人現在去英國，之前是住在我家樓上。我們一家看起來很幸福美滿？怎麼說呢？應該是吧。但起初不是這樣哦！因為我和本木先生的個性截然不同，也不了解彼此，所以也是慢慢適應、互相讓步，一路克服過來的。

倒也沒有刻意忍耐、壓抑啦！只是想說，原來這個人是這種個性啊！不會覺得傷腦筋。我對女兒和孫子也是一樣。因為我們是二代宅，廚房和玄關是各自獨立，所以幾乎碰不到什麼面。彼此保持一點距離的生活就是這麼回事吧。

（摘自「臨終時，邊聽著裕也先生的歌……」二〇一七年一月）

最近他就算大罵「你這個混蛋！」，也會馬上問：「拐杖在哪裡？」

我們家那口子就算上了年紀，脾氣還是年輕時一樣沒變，馬上就被人看出他在想什麼，三兩句就吵起來；但可能是上了年紀的關係，體力大不如前吧。比較不會動不動就吵架了。最近他就算大罵：「你這個混蛋！」，也會馬上問：「拐杖在哪裡？」頂多再說一句「麻煩死了」就沒事了。倒不是我們感情變好了哦！

（摘自「臨終時，邊聽著裕也先生的歌……」二〇一七年一月）

怕麻煩的我只想一個人靜靜地嚥下最後一口氣

女兒曾說，很擔心媽媽要是比爸爸先走一步的話，爸爸肯定會做出很多讓人傷腦筋的事。算命師告訴她：「妳母親會因為不小心跌倒之類的意外，結果就這樣走掉了。」還說，最好不時打電話關心我一下比較好。

而且啊，那位算命師好像還說：「放心，妳母親臨終時會馬上抓住妳父親的衣領，就這樣過世。」哈哈哈！我還把這件事告訴內田先生呢！他這麼回我：「拜託！妳自己去死吧！」拜託！怕麻煩的我只想一個人靜靜地嚥下最後一口氣。不過算命師說的也太好笑了吧。怎麼可能啊！總之，我們的關係就是這麼奇特、有趣。

（摘自「坦言『癌細胞轉移全身各處』專訪樹木希林」二〇一三年三月）

【第三章】生病與身體

樹木女士從小身體就不是很好。年近六十歲時，飽受病魔侵襲；先是二〇〇三年，左眼因為視網膜剝離而失明（後來視力有稍微回復）；二〇〇五年六十二歲時，因為罹患乳癌，接受右乳房切除手術。之後，癌細胞轉移全身各處，罹癌一事大大改變了她的人生觀。

罹癌一事讓我不得不改變生活習慣與個性（笑）

某天早上起來，赫然發現有一隻眼睛看不見，感覺比得知自己罹癌時，更震驚、更沮喪，而且原因不明。醫師還說也許另外一隻眼睛也會看不見，到時我將過著全盲生活。一想到就算這樣還是得活下去，就覺得非常絕望。

後來我因為罹癌，接受手術，生活方面不得不有所改變；所以無論是生活習慣還是個性，現在的我都和以前不太一樣了（笑）。

沒想到改變生活習慣後，竟然回復了一點視力，原本眼前白茫茫的，什麼也看不到，幸好慢慢地隱約看到一點點，再將看到的片段在腦中連結起來，所以現在雖然只靠一隻眼睛，還是清楚看得到誰在幹什麼，原來也有這種治療法啊！但我這方法不見得適用於任何人，所以大家可千萬別學我啊！

（摘自「歡迎宇津井健先生、樹木希林女士。」二〇〇七年一月）

兩人年輕時彈奏薩摩琵琶的模樣。樹木女士的父親是薩摩琵琶演奏家。

有些事因為我生病的關係而幡然一變

我一直都是照著自己喜歡的步調生活，直到三年前被診斷罹患乳癌。其實也是可以默默接受治療，但想說還是告知已經分居的外子吧。他聽到時還「啊」的驚呼一聲，因為我們把癌症與死亡劃上等號。

從這一刻開始，我們之間的互動和以前不太一樣，不但每個月會一起吃頓飯，他還對我說：「當初沒有離婚真是太好了。」雖然經歷過很多事，但能走到現在這樣，真是太好了。我們自己覺得很幸福，也很開心讓孫子看到我們這樣。總之，有些事因為我生病的關係而幡然一變。

（摘自「家族是個無限大的課題。」二〇〇八年七月）

趁早重新檢視自己的生活習慣，真的很重要

我不覺得癌症很可怕，手術一事也還好，反正麻醉後切除，一點也不痛。我的右乳整個切除，真的完全沒了，但手還是可以輕鬆舉起，也能綁和服帶子。只是覺得術後照護比較麻煩就是了。還沒確診罹癌之前，我有一定的生活習慣，也有一定的生活原則；但是罹癌後，生活習慣多少得改變，無奈改變是很麻煩的事，我現在就是處於這樣的時期。

因為自己之前的生活習慣不好，才會罹患癌症，而且復發的可能性是百分之百，所以要是不徹底改善的話，絕對會復發。目前是靠藥物控制病情，每個月為求安心也會乖乖回診。其實不只癌症，只要是罹患重大疾病的患者肯定有各種煩惱。這麼想來，活著還真是辛苦事。若想上了年紀還活得很健康，趁早重新檢視自己的生活習慣很重要；雖然我很幸運地活到現在，但我這個人啊，就是不見棺材不掉淚，要不是罹癌，我絕對不會改變（笑）。

（摘自「歡迎宇津井健先生、樹木希林女士。」二〇〇七年一月）

癌症這種病啊，很珍貴哦！

以前的我只要看不順眼，就會徹底否定對方。當我明白其實人啊，也就是自己沒那麼偉大時，真的很錯愕。明明沒資格徹底否定別人，卻糊里糊塗這麼做，還一路這麼活到現在。

所以要是我罹患不會死的病，可能依然不改臭脾氣吧。然而，死亡這東西就近在眼前，確實在那裡。其實癌症這種病啊，很珍貴哦！當然一般人不會這麼想，也不會這麼說；但我覺得對於現代人來說，是必須好好認識、接受的一種疾病吧。所以我不覺得自己很不幸，這是我的想法啦！畢竟這麼想，就能輕鬆面對，不覺得辛苦。

（摘自「我想過著不虛偽的人生，所以才會維持這樣的夫妻關係」二〇〇九年一月）

我始終認為人生很美好，不是嗎？

就像人生的一切都是必然，我覺得我罹癌也是必然的事。因為我奶奶也罹患乳癌，所以我們家搞不好有癌症基因。不過，她老人家切除乳房後，還活到很高壽呢！而且我不記得她有接受過什麼很痛苦的治療，那時可不像現在這樣醫學發達啊！所以我知道自己罹癌時，就算醫生沒有明確告知，我也覺得自己應該還可以活很久吧。

「你有想做卻還沒做的事嗎？」這是電影《戀戀銅鑼燒》（二〇一五年上映）的宣傳文案。我有，而且還不少（笑）。我始終認為人生很美好，不是嗎？要是今天知道明天就要走了的話，那就傷腦筋了；但只要還有一個禮拜的時間，就能心存感謝的好好整理，所以罹癌一點也不悲壯。

（摘自「只要還有一個禮拜可以好好整理，隨時死都可以」二〇一五年六月）

一生病就覺得自己沒救了，只想一輩子過得很健康，再也沒有比這更無趣的人生了

以我為說，治療前後的生活品質並沒有太大改變。我在電影（《神宮希林・我心中的神》）裡一邊碎碎念：「請體恤一下我們老人家啊！」一邊登上石階前往神社參拜，就這樣走在栽植式年遷宮用的檜木林（神宮林）中。我沒有逞強讓別人看我多有活力的意思，因為這就是我本來的模樣；之所以看起來如此有精神，不單是接受醫療的緣故，心靈也是會影響身體的。血液循環與攝取營養是維持身體狀況的兩大要因，我自己也感受到生活習慣會深深影響身體。當然，心靈方面的問題也很重要，千萬不能輕忽，否則很難讓自己看起來真的很有精神吧。

要是以西方哲學的二元論來說，生病是「惡」，沒生病的狀態是「善」；就像每個東西都有表和裡，事物有善的一面，也有「惡」的一面。這樣的東方哲學思想進入我的體內，彷彿被宇宙中莫大的東西驅使般，逐漸感應到「祈願」這行為，讓我能夠活得神采奕奕。就某種意思來說，正因為接受無論任何情況都有善有惡，才能堅強活著。因此，一生病就覺得自己沒救了，只想一輩子過得很健康，再也沒有比這更無趣的人生了。

（摘自「即使癌細胞轉移全身各處 我還是想善用自己直到最後一刻」二〇一四年五月）

我不會「喊痛」，而是改口「啊啊～好舒服啊」（笑）

可能是化療的後遺症吧。最近我老是覺得肩膀僵硬、痠痛。這時，我不會「喊痛」，而是改口「啊啊～好舒服啊」（笑）。我覺得將這種事情視為理所當然，學習接受還挺有趣的。

對我來說，罹癌就像含著一顆好吃的鹹梅，就某些方面來說，還滿好用的。好比想拒絕什麼事時，我要是說：「我這病不太妙啊！」對方就會打退堂鼓：「對啊，也是啦。」不過拜生病之賜，我變得比較謙虛。

（摘自「雖然身體有點那個，卻不再感到害怕，看來上了年紀也是有好處的」二〇一六年六月）

我知道身體有病痛真的很難受，我可是全身都是癌細胞呢！

反正我不管走哪條路，都難逃一死；既然如此，躺在床上平靜死去還比較好呢！內田啊，最近每次碰面時都會抱怨他「身體狀況有多差」，但一聽到我說：「我知道身體有病痛真的很難受，我可是全身都是癌細胞呢！」他就閉嘴了。就是有這種效果囉。

（摘自「『我』與『家人』的故事」二〇一五年六月）

我還被說是「詐死」（笑）

我還被說是「詐死」呢（笑）。我可沒把死這字掛在嘴邊，但全身的確都是癌細胞。醫師告訴我：「妳全身都是癌啊！」也就是說，以乳癌為首，癌細胞已經轉移全身各處。我問醫師：「所以我隨時那個，也是理所當然囉？」醫師回答「是的」。

手術後，我沒有喝什麼賀爾蒙劑，因為那東西一喝下去就很不舒服，也沒吃其他藥和保健食品，什麼都沒吃，想說一切順其自然就行了。

（有出現什麼不舒服的症狀嗎？）多多少少是有啦！但就不理會，當作沒感覺到囉。

（摘自「溫故希林in台灣」二〇一三年十一月）

癌症這玩意兒，就是緊追著你不放

癌症這玩意兒，就是緊追著你不放，所以你也無處可逃，只能學習與它共處；所以我不會逃避，反正逃也沒用，就接受一切吧。

（摘自「雖然身體有點那個，卻不再感到害怕，看來上了年紀也是有好處的」二〇一六年六月）

【第四章】工作這件事

樹木女士於一九六一年，也就是十八歲那年進入文學座附屬戲劇研究所。當時的藝名是「悠木千帆」，後來改名「樹木希林」。二十歲的她因為演出連續劇《七個孫子》，深受男主角森繁久彌提拔，之後演出多齣連續劇。樹木女士也在廣告片中展現她的戲胞，像是她在「易利氣磁力貼」、「富士軟片」等廣告中的表現均深植人心。她也參與演出多部電影的配角，多到書末生平年表無法一一刊載。

初次見識到小津組的拍片氣氛

雖然我對演戲沒什麼興趣，但因為進入的是文化界最前衛的組織（文學座），所以能接觸到當時最閃亮耀眼的東西。後來想想，確實如此。講師都是些赫赫有名的人物，像是矢代靜一（一九二七～一九九八，劇作家、腳本家、也是製作人）鳴海四郎（一九一七～二〇〇四，英文學家、翻譯家）、松浦竹夫（一九二六～一九九八，製作人），還邀請三島由紀夫，以及剛榮獲芥川賞的大江健三郎擔任客座講師。記得在慶祝劇團成立三十五周年的宴會上，三島先生還開心地跳舞，那時還很年輕的谷川俊太郎先生也在場。

我是在演員休息室當值，負責服侍前輩時展露頭角，有了演出機會。記得那時杉村（春子）前輩對我說：「妳很機靈呢！要不要跟著我啊？」於是杉村前輩演出小津安二郎導演的《秋刀魚之味》時，我也跟著去了位於大船的攝影棚。我明明是抱著期待中午休息時間吃便當的心情去的，沒想到杉村前輩一直NG，所以我也遲遲吃不到便當。

杉村前輩飾演東野英治郎先生的女兒，是個開了一間拉麵店，沒結婚的老處女。有一幕是拍她一邊收拾掛在店門口的門簾，一邊哭著聽父親在店裡和朋友說自己閒話的戲，沒想到杉村前輩試了好幾次都不行。我就在這般連氣都不太敢喘的緊繃氣氛下，初次見識到小津組的拍片氣氛。

（摘自「這就是開端」二〇〇八年十二月）

電視劇「寺內貫太郎一家」的一幕。飾演一家之主的小林亞星（左前）與飾演琴阿嬤的樹木希林，右邊則是飾演女傭美代子的淺田美代子。

就算演個沒有半句台詞的路人甲，也不覺得有什麼好丟臉

（談談關於角色的事）我不覺得自己一直只是個配角。對我來說，主角和配角的不同點就是台詞量不一樣、報酬多寡而已吧（笑）。反正我就是那種隨遇而安型的人，還滿認命的，也許別人覺得我是個怪胎吧。

反正啊，就是抱著「其實我以前也演過不少主角，只是記不太得這些事了」的心態吧。所以啦，就算演個沒半句台詞的路人甲，也不覺得有什麼好丟臉。我想，這也是我的一個強項。

（摘自「秋子崇敬的女演員」一九八五年五月）

晨間小說連續劇是像我這種什麼都演、又很閒的二流演員演的戲

我一直覺得晨間小說連續劇是像我這種什麼都演、又很閒的二流演員演的戲，那種很有想法的演員才不會來演呢！因為拍片現場像在趕進度似的，決定好位置，工作人員喊一聲「好、就這樣」便拍了。根本沒時間好好琢磨，因為要拍的量實在太多了。

（摘自「筑紫哲也的電視現論　茶室之神」一九八七年七月）

我啊，就像是用來做涼拌菜的食材

不是我自誇，我在家不看腳本，因為看到跟電話簿一樣厚的腳本就覺得很累，腦子很暈，所以我都是到現場才背台詞。有時會遇到那種不先對詞，便要求演員排練一下後正式上場的導演，我只好慌張地說：「請等一下，我應該排練三次就能記住。」該說我的工作方式很隨興？還是不拘小節呢……

我要是能精準唸出台詞算是運氣好，可惜這種機會不多，誰叫我像是用來做涼拌菜的食材啊！好比山椒燉煮青魚，醋醃海鰻和小黃瓜，這些食材交給手藝一流的製作人和導演絕對能做出美味佳餚。就怕想說是青魚，結果是青花魚；想說是好吃的香蕉，結果剝開一看都爛掉了。

（摘自「筑紫哲也的電視現論　茶室之神」一九八七年七月）

我有欲望，只是執著的點和別人不一樣

我啊，從沒想過要成為什麼樣的演員。要是被別人否定，我會很識相地打退堂鼓；要是被別人說：「妳該退休囉！」我會說：「是喔。我知道了。」（笑）。也許別人會覺得我很酷，其實是因為我沒什麼目標，總覺得自己好像不太適合演員這工作吧。我沒什麼欲望，不，我有欲望，只是執著的點和別人不一樣吧。我的欲望就是準備去另一個世界時，想對大家說：「多謝照顧，我的人生很有趣，也很滿足，呵呵呵……」

（摘自「家族是個無限大的課題。」二〇〇八年七月）

我的從容感從何而來

問我演戲時，這種從容感從何而來啊……。可能是因為名下有不動產的關係吧。想說就算哪天工作沒著落，至少還有房租收入。我進演藝圈之後，脾氣還是很衝，但比不上內田就是了。想說哪天沒辦法靠這行吃飯，至少還能確保基本生活無虞，也才能一直做著這份工作，這是千真萬確的事實。

（摘自「歡迎宇津井健先生、樹木希林女士。」二〇〇七年一月）

用俯瞰的角度看事情，無論是什麼樣的工作都能克服吧

我習慣俯瞰和我一起工作的人，包括我自己。這樣就能清楚知道自己什麼時候該怎麼表演。初次踏入這圈子時，我就記得用俯瞰角度看事情，總覺得只要這麼做，無論再怎麼困難的工作都能克服吧。

（摘自「這個人說的話是至理名言！」二〇〇二年八月）

我會直接對他說：「你到底在演啥啊？」

習慣用俯瞰角度看事情啊，除了知道自己該怎麼做之外，也能看到其他演員在這場戲該怎麼演。如果和我無關的話，就無所謂；但要是有關的話，面對那種演得完全不對味的人，我會直接說：「你到底在演啥啊？」當然這麼針對性的說詞肯定很傷人。也許有人不介意，也有人因此受挫，想離開演藝圈吧。所以我現在過著有時必須為以往做過的事、說過的話，向別人道歉的人生（笑）。

（摘自「這個人說的話是至理名言！」二〇〇二年八月）

「美麗，只是暫時性的東西」

十幾歲時的我很喜歡和別人爭論，總覺得一吵起來，會把對方最討人厭的地方、最不想被別人看到的醜陋一面牽引出來，挺有趣的。用演員的視角來看，有一種將別人玩弄於手掌心的爽快感（苦笑）。所以絕對不會想和我這種人作朋友，對吧？

不過想想，這種心態還滿「適合當演員」，要是在一般職場打滾的話，早就被三振出局了。但這點心眼卻對演員這工作有加分作用……。想進演藝圈的女人多少都存有這般心態，所以就算長得再漂亮，還是別娶回家比較好。我曾對某位男演員說：「美麗，只是暫時性的東西。」（笑）。

（摘自「花與遺照」二〇一六年六月）

我喜歡撿別人不做的工作來做

以往演出舞臺劇的都是一流演員；拍電影、主持廣播節目的是二流演員，只有風評不怎麼樣的演員才會演電視劇，拍廣告的就更不用說了。總之，就是這麼回事。不過我有點「反骨」，喜歡撿別人不做的工作來做，所以有機會拍廣告片；當然一開始也會遇到挫折，但嘗試後發現拍廣告片還滿適合我的個性。

（摘自「有『ＣＭ女王』美稱的樹木希林」二〇〇三年三月）

廣告片會帶動風潮，感覺世間有股氛圍在蠢動

我是那種討厭長時間做同一件事的人。就像舞臺劇要不斷排演，一旦開始公演，就得反覆演出好幾場，不是嗎？老實說，我很受不了。雖然人家常說當觀眾與演員融成一體就是舞臺的醍醐味，但我感受不到啊。舞臺劇是現場演出，當然要面對觀眾，是吧？所以不能羞於在觀眾面前表演。可是當我自己是臺下觀眾時，也會覺得不好意思，所以我會盡量坐在觀眾席最後方，有點躲起來看戲的感覺（笑）。

一支廣告片通常只有短短十五秒或三十秒，卻得靠這支廣告片賣商品、打響公司知名度，所以廣告片會帶動風潮，感覺世間有股氛圍在蠢動，我非常、非常喜歡這種感覺。

（摘自「有『ＣＭ女王』美稱的樹木希林」二〇〇三年三月）

廣告合約期間內，一直覺得自己也是這家公司的員工

我啊，在廣告合約期間內，一直覺得自己也是這家公司的員工，所以公司要是出了什麼事，我也會感同身受。

拍攝時，我敢厚著臉皮坦白說出自己的想法，本來想說過就算了，沒想到卻被拿來當作台詞。

只是最近體力大不如前吧。我不再像以前那樣坦率表達意見，一切交給別人搞定就行了。以前常說：「你覺得這樣如何？」現在都是說：「反正就試試看吧！」感覺比較提不起勁吧。這樣是不是就能名列好感度第一名的女演員啊？（笑）。總之，交給別人處理，自己也樂得輕鬆囉。

（摘自「有『ＣＭ女王』美稱的樹木希林」二〇〇三年三月）

我很阿莎力地說：「重印的費用我來付。」

鄉廣美（日本男歌手、演員）和松田聖子（日本八〇年代知名偶像歌手、演員）分手後，就不太想出現在螢光幕上了。經紀人想和他談談新節目的企劃，廣美說如果是我的話，他就願意聊。剛好雜誌「SUNDAY每日」對於這件事的看法算是比較中立的，也就促成了我們的合作機會。

不過我和廣美啊，明明交情好到還一起錄唱片；但上節目對談時，發現他的態度完全不一樣，感覺他已經不再相信任何人似的，有點冷淡見外。記得那時他一身白西裝打扮，看起來就像某個南方國家的王子（笑）。畢竟人家是衝著我的面子才答應接這案子，所以我也有責任，是吧？那天我拿到文字稿，晚上開始整理，思考要用哪些部分，這問題要怎麼回答，一邊碎碎念地修整弄好後交給編輯部。當然沒有詆毀聖子。

沒想到最先對這份採訪稿有反應的是印刷廠的人。他們說沒想到鄉廣美是這麼有腦子、這麼酷的男人。我心想上市後的反應應該沒問題。

問題是，編輯部訂的標題是「赤裸剖析鄉廣美、松田聖子的感情世界」，力道實在太弱了。所以我建議他們換標題，無奈封面已經印好，不能改了。我很阿莎力地說：「重印的費用我來付。」封面馬上重印。

重印的封面是白底有個大大的紅色「驚嘆號」，一旁標題是「獨家採訪鄉廣美」、「被耍男人的高明回應」，結果啊，平常二十五萬本印量吧。那時一口氣印了四十萬本，而且一下子就賣光。

就是感覺他有一股氣概吧。雖然廣美是開朗的偶像明星，但我想讓大家看到他埋藏在心底的哀傷，也有考量到聖子的將來就是了……不過看到現在的他們，證明我的擔心是多餘的（笑）。

（摘自「演戲還是『搞笑』最讚」二〇〇一年一月）

我喜歡電視劇那種演完，話題性就沒了的感覺

吉永小百合（日本最具代表性的女演員之一、歌手）女士曾說「我和電影密不可分」，展現她對電影的喜愛。那麼，我喜歡演出電視劇的程度讓我想大聲說「我和電視劇密不可分」，因為我喜歡電視劇那種演完，話題性就沒了的感覺。不過，最近推出不少以往風靡一時的電視劇DVD，也就沒了我喜歡的那種稍縱即逝感，所以我現在不演電視劇了。倒是花了一段時間，仔細拍攝的電影就有留存價值，但看到自己以往的演出還是會不好意思就是了。

（摘自「老媽、裕也與女兒・也哉子」二〇〇七年五月）

演戲的有趣之處，不是在演什麼的時候

演戲的有趣之處，不是在演什麼的時候，而是演的時候，周遭人反應出來的表情。比方說，周遭人隱約知道我戴假髮，我卻拚命掩飾，結果因為一個意外，假髮不小心脫落；要是喜劇的話，掉就掉了。但我喜歡的是假髮脫落後的幾秒鐘，有人裝作沒看見，也有人露出不知如何反應的尷尬表情……。

（摘自「只要是公眾人物，就沒有隱私可言，所以演藝圈不是那麼好混的地方哦！」二〇一五年六月）

要是無法窺看到人性的陰暗面與底蘊，演藝之路無法長久

其實人的瞬間表情很難刻意演出來。我演出《寺內貫太郎一家》（一九七四～一九七五年播出）、《姆一族》（一九七八～一九七九年播出）時，就體驗過這種奇妙感覺。好比拍一場情勢很緊張的戲，卻突然飛來一隻蟲子停在手上，想拍掉卻不能這麼做，這時就能顯現一個人的個性，真的很有趣，也是在考驗演技吧。

（為什麼會發現這一點？）拜森繁（久彌）先生之賜吧。他天生就有這種喜感，而且就某種意思來說，要是不帶點壞心眼，可是顯現不出這種特質哦！所以啦，身為演員要是無法窺看到人性的陰暗面與底蘊，演藝之路無法長久。

（摘自「只要是公眾人物，就沒有隱私可言，所以演藝圈不是那麼好混的地方哦！」二〇一五年六月）

「誰都會做的事」，也最難演

問我演什麼戲最難，我覺得像是喝茶、舀水之類，這種日常生活的戲最難演。因為必須要在誰都會做的日常行為中，表現出「這個人是急性子」或是「有點壞心眼」的角色性格。像是被殺或是殺人之類比較戲劇性的場面，因為幾乎不太可能遇到，所以靠想像也能真實呈現，所以我覺得「誰都會做的事」也最難演吧。

（摘自「花與遺照」二〇一六年六月）

過著和大家一樣的生活，和別人互動往來，就是身為演員的基本功

要想藉由一件件小事的累積，在電影中真實呈現「日常生活」，臨場是演不出來的，平常就得觀察各種事才行。也就是過著和大家一樣的生活，和別人互動往來，就是身為演員的基本功，所以我平常都會搭電車，隨身帶著車票。

我拍電影《戀戀銅鑼燒》時，導演河瀨直美（導演、腳本家，代表作有《萌之朱雀》等）小姐說要去探訪痲瘋病療養院，約在「西武新宿車站」碰面，再一起搭電車去。回程時，我們和多利安助川（《戀戀銅鑼燒》原著作者，明治大學教授、作家、歌手）一起搭電車回東京。多利安先生問我：「希林女士，妳搭電車時不會被認出來嗎？」我說「不會啊！」一旁的河瀨導演說：「希林女士在人群中會把自己藏起來。」也是啦！畢竟要是不這麼做的話，就沒辦法觀察別人囉。

（摘自「身為女演員的全心全意與自由　比全裸更讓人羞恥的事」二〇一八年六月）

辛苦一點，又有什麼關係呢？

雖然我沒隸屬任何經紀公司，不過有房租收入，生活也算安穩。不過他（本木雅弘）不一樣，他有自己的事務所，所以除了家人之外，還有員工要照顧。我覺得啦，畢竟是和大眾傳播有關的工作，辛苦一點，又有什麼關係呢？有時候我打電話問他現在人在哪裡？他說在桶川（老家）耕田，他就是這樣的個性囉（笑）。

畢竟他們家代代務農，只有那孩子因緣際會踏入演藝圈。他小時候從桶川騎腳踏車到大宮，看到熱鬧街景，還以為那裡就是原宿，真的很單純啊（笑）！他是那種對每件事都很認真投入的人，所以演戲對他來說，是很辛苦的事吧。不過也是他生活的一部分就是了。

（摘自「花與遺照」二〇一六年六月）

【第五章】男女之間的二三事

樹木女士二十一歲那年，與男演員岸田森結婚，二十五歲時離婚。一九七三年，與一生的伴侶內田裕也再婚；三十歲時，成功訴請離婚官司無效，從此兩人維持著微妙又特別的夫妻關係。此章節收錄樹木女士對於男女之間的各種獨特觀點。

女人要是想上了年紀，看起來還是很有福相，就要百分之百發揮自己的精力

一臉福相的歐吉桑不少，看起來很有福氣的歐巴桑卻不多；我想，可能是女人比較小心眼吧。女人要是想上了年紀，看起來還是很有福相，就要百分之百發揮自己的精力，否則很難去除身上的無謂雜質。只能說，女人的體質天生如此。

（摘自「現代社會哪還有貞潔烈女……」一九八八年三月）

當初結婚時，十分恩愛的合照。

拚命努力活著的人，往往過著比別人更精采的人生

基本上，女人只要有空胡思亂想，就會想做無謂的事。拚命努力活著的人，往往過著比別人更精采的人生。

（摘自「TORICO CINEMA」二〇〇七年五月）

女人往往會先顯露內心的陰暗面

我覺得有脾性好的男人，卻沒有個性好的女人。無關年齡，只是女人往往會先顯露內心的陰暗面。

我總覺得女人的內心有著可怕東西，而且總是不停蠢動著，不像男人比較灑脫，容易拋得一乾二淨。

（摘自「娓娓道來一件事吧　女人的魅力2」一九八七年一月）

總是齜牙咧嘴地把「我怎麼樣」這幾個字掛在嘴邊的女人很醜啊！

不管再怎麼煩憂操勞，還是不失優雅美麗，真是高難度的本領啊！總之，我覺得內斂、謙虛的女人最有魅力。

無奈現在多的是那種老是把「我怎麼樣」、「我怎麼樣」這幾個字掛在嘴邊的女人，總覺得要是不這麼說，就無法彰顯自我存在感。想想，這樣的女人挺可悲的，因為總是齜牙咧嘴地把「我怎麼樣」這幾個字掛在嘴邊的女人很醜啊！

（摘自「娓娓道來一件事吧　女人的魅力2」一九八七年一月）

謙虛才能散發一流的女人味

不會刻意表現自己，隨時注意自己的儀容，能做到這兩點的女人超有女人味。至少男人很吃這一套囉。

所謂很有女人味，不是啣一朵玫瑰花，嫵媚地撩頭髮，也不是什麼慵懶、不修邊幅的感覺，我覺得謙虛才能散發一流的女人味。

（摘自「娓娓道來一件事吧　女人的魅力2」一九八七年一月）

就算妝化得再怎麼漂亮，臉整得再怎麼美，還是掩飾不了實際年齡

今天和許久沒見的（吉永）小百合女士碰面。她真是一位隨著年齡漸增，越發有魅力的人啊！果然女人的臉也會表現出自己走過的人生，所以就算妝化得再怎麼漂亮，臉整得再怎麼美，還是掩飾不了實際年齡。我那分居中的外子的口頭禪就是：「女演員有有效期限啦！所以妳算是很奇葩的女演員。」

（摘自「喜歡和服，喜歡電影」二〇〇八年一月）

女人就是要強一點

女人就是要強一點，要是不夠強，就無法撐起一家子；但不必用「男女平等」刻意突顯女人的強，而是找尋更適合的場合，發揮女人的強，讓世間變得美好。

（摘自「母親樹木希林向親友坦言『七夕婚禮』的所有秘辛」一九九五年七月）

重複半生不熟的關係，無法使人成熟

婚姻生活不是一件輕鬆事，當然會遇到很多煩心事，必須深入體會夫妻、親子關係。我在某個時期覺得這種關係才能使人成熟，但現在啊，覺得婚姻生活勉強不來，沒結婚也沒關係。不過，如果是同居的話，還是登記結婚比較好。同居的話，分了就分了，不會留下什麼討厭的東西，但這種輕鬆感是在浪費人生，因為重複半生不熟的關係，無法使人成熟。無論是決定繼續走下去，還是選擇分手，一定都得面對討厭的事，但這種經驗能讓人成長。

不過就算不結婚，只要能找到讓自己變得更成熟的方法也很好啊！自從我生病後，領悟到人生其實沒那麼長，所以不必勉強自己拘泥於結婚這形式，搞得自己很不快樂，當然有個情人陪伴還是比較好囉。

（摘自「花與遺照」二〇一六年六月）

如果可以的話，我也想有個那樣的背影可倚靠

我一點也不羨慕別人的夫妻關係，但有一對夫妻例外，那就是女演員原泉（一九〇五～一九八九，女演員，代表作《蒲公英》、《犬神家一族》）女士，和她的另一半，作家中野重治（一九〇二～一九七九，小說家、詩人，代表作《中野重治詩集》、《梨之花》）先生。有天晚上，我去他們家叨擾。

那時是夏天，屋內點著蚊香，中野先生正坐在書桌前寫東西。原女士對著身穿白色和服的背影，喊了一聲：「老公，我回來了。」

也許是我在的緣故吧。我們一直對著中野先生那溫暖的背影，說著那天發生的各種事，他也很有耐心地聽著。如果可以的話，我也想有個那樣的背影可倚靠啊！畢竟我也上了年紀，也想要有一、兩個這樣甜蜜的回憶嘛（笑）。

所以奉勸大家要趁還沒「癡呆」時，享受與異性共處的歡樂時光。

（摘自「歡迎宇津井健先生、樹木希林女士。」二〇〇七年一月）

面對與精神方面有關的性，才能促使老後的夫妻關係更和諧

日本人一直都避談性，但我覺得大方談「性」不是什麼羞恥的事啊！無論是關於孩子的性，還是關於老人的性，都應該好好面對，不應該拿塊布遮起來。

我們要注意的不只是老人照護機構不時會發生因為爭吵而傷害的事件，也要關懷老人在精神方面與性有關的問題，才能促使老後的夫妻關係更和諧，不是嗎？

我也想正視「性」這件事，不避諱談論。就像老夫妻吃力地扶著樓梯扶手，牽著手一起爬樓梯，這動作也有所謂的「性」，而且是透過手來傳達。

（摘自「我想過著不虛偽的人生，所以才會維持這樣的夫妻關係」二〇〇九年一月）

對方的缺點，自己一定也有

有緣才會結成夫妻，所以對方的缺點，自己一定也有。只要明白這一點，就能更明白結婚這件事吧。有時我看著對方說另一半的壞話，心想「他是在說自己吧」（笑）。

（摘自「封面人物　樹木希林」二〇一五年七月）

無論男女，稍微帶點古樸的感覺會更有魅力

我從年輕時就演出歐巴桑角色，雖然上了年紀後，愈來愈中性，還是對那種舉手投足很有魅力的男人沒什麼抵抗力，所以我完全不會想當男人。

前陣子看電視時，看到有兩個以前是偶像明星，現在已經是歐吉桑的男歌手在表演；看到他們年輕時的身影讓我好驚豔啊！兩個青澀小伙子高唱「梓二號～」；雖然他們現在的歌唱技巧肯定更好，但總覺得多了很多無謂的東西，感受不到什麼魅力。

現在的新人一出道，周遭就已經幫他們貼上各種標籤，所以從一開始就有了明確的目標和方向；但我總覺得無論男女，稍微帶點古樸的感覺會更有魅力。

（摘自「從五十歲開始的十年是人生的分歧點」二〇一六年六月）

【第六章】歷年演出作品

樹木女士在某段時期是以演出電視劇為主，像是《時間到了唷！》、《寺內貫太郎一家》、《姆一族》等，以精湛演技風靡一時。六十歲過後開始活躍於大螢幕，出演過《半自白》、《橫山家之味》、《惡人》、《小偷家族》等多部膾炙人口的名作，最新作品是《日日是好日》，展現爐火純青的演技。

《七個孫子》電視劇（TBS）。
導演：山本和夫等。
一九六四～一九六六年播出。
主要演員：森繁久彌、大坂志郎、加藤治子、悠木千帆（樹木希林）等。

森繁久彌先生就是有本事一邊拍戲，當場塑造出「角色」

森繁久彌先生拍攝連續劇時，常會說：「攝影機別靠過來！」不然就是「再往後退！特寫已經夠了，拍全身！」就是從我第一次和他一起演出的家庭倫理劇《七個孫子》開始的吧。託森繁先生的福，讓我「透過拍電視劇這份工作，感受到演戲是多麼有趣的事」。

當時森繁先生約莫五十歲吧。正值演藝生涯巔峰時期，無論是看待事物的觀點，還是吸收新知的能力，可說超乎常人。不過他晚年的情況確實不太好，過於隨興的演出風格讓周遭人有點傷腦筋。

可是他以往的演出真的很棒。有幸近距離欣賞森繁先生演技的我從他身上感受到演戲真的很有趣，問我什麼地方有趣啊？演戲是需要不斷練習，記住台詞，用全副心神創作的工作。森繁先生就是有本事一邊拍戲，當場塑造出「角色」。這一點與我的個性不謀而合，就此開啟我的演藝人生。

（摘自「一切隨心」二〇一五年七月）

攝於 NHK 晨間小說連續劇《跳駒》（1986 年）的拍片現場。希林女士平日常穿和服。

《寺內貫太郎一家》電視劇（TBS）。

導演：久世光彥等。一九七四～一九七五年播出。

主要演員：小林亞星、加藤治子、悠木千帆（樹木希林）、梶芽衣子、西城秀樹、淺田美代子等。

這角色可不是躺躺就好，吃的苦頭還真不少

（當時，三十幾歲的樹木女士演個老婆婆）

演我兒子的小林亞星先生比我年長十幾歲，演他老婆的加藤治子女士也比我年長二十幾歲（笑）。想說我這角色應該很輕鬆，像隻貓慵懶地躺在走廊上的坐墊就行了。我請腳本家向田邦子小姐幫我寫個像是家貓的角色，她一口答應了。

可是那時我的手很漂亮。所以為了遮掩這雙美手，我總是戴上做粗活用的手套，然後剪成露指手套，就這樣隨便遮一下（笑）。沒想到我這角色可不是躺躺就好，不但要吊鋼絲，還要氣到跌倒，吃的苦頭還真不少。

（摘自「歡迎宇津井健先生、樹木希林女士。」二〇〇七年一月）

就算上了年紀，不變的東西還是絕對不會改變

我只是做自己喜歡做的事。只要戴上白色假髮，化個老妝，就能變身成老婆婆。任誰都有口腹之欲、性欲之類，我要演的就是有這些欲望的老婆婆。年輕人要演老人的角色，一般會想像「上了年紀的人應該會這麼想吧」不然就是「應該會變得更有內涵吧」來塑造這個角色。

但我認為「就算上了年紀，不變的東西還是絕對不會改變」。千萬別太相信人啊！不是每個人上了年紀都會變得比較成熟。其實，不成熟的部分反而比較可愛……。

（摘自「如果還剩下一個禮拜，隨時死都可以」二〇一五年六月）

《夢千代日記》電視劇（三部曲・NHK）。
導演：深町幸男、松本美彥。
一九八一～一九八四年播出。
主要演員：吉永小百合、楠敏江、樹木希林、大信田禮子、秋吉久美子等。

柔美的小百合女士其實是很頑固的人

（吉永）小百合女士其實是很頑固的人。我一開始不知道，因為拍電影而共事了一段時間，才發現她其實很頑固，但她的頑固讓我覺得「這樣的個性真不錯」；與其說是頑固，不如說是她是個能貫徹自我意志的人，日積月累的堅持與努力造就現在的她。

那時的我啊，總覺得電視劇是那種播完後，風潮就沒了的東西，所以一點也不覺得拍電視劇有什麼了不起；但看到那時身為女主角的小百合女士的演技那麼精采出色，多少了解到挑大梁演出一齣戲有多麼辛苦。果然夢千代這角色不是誰都能演啊！「夢千代日記」之所以成功，身為女主角的吉永小百合絕對功不可沒。

（摘自「喜歡和服，喜歡電影」二〇〇八年一月）

要是美女演這角色，就不會讓人覺得那麼悲哀吧（笑）

（希林女士飾演的藝妓菊奴，是個被男人騙得團團轉，還慘遭拋棄的女人。劇中有一幕她獨自嚼著醃黃蘿蔔，吃著茶泡飯的戲）

我這輩子從不覺得自己被男人拋棄（笑），只是告訴自己「反正就是這樣囉」……反正啊，像菊奴這種長得不怎麼樣的女人，一心一意為男人付出卻慘遭拋棄；就算如此，還是得掙扎著活下去，只好邊哭，邊想著明天的事，獨自吃著茶泡飯的模樣真的很悲哀，也格外讓人有共鳴吧。所以要是美女演這角色，就不會讓人那麼覺得那麼悲哀吧（笑）。

（摘自「喜歡和服，喜歡電影」二〇〇八年一月）

《跳駒》晨間小說連續劇（NHK）。
導演：岡本喜侑等。
一九八六年播出。
主要演員：齋藤由貴、渡邊謙、樹木希林、小林稔侍等。

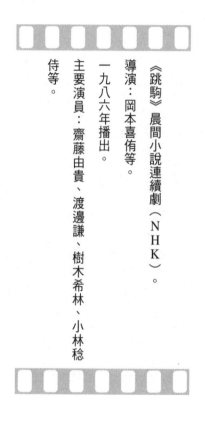

現實中找不到像螢光幕上如此趨近完美的理想女性

我在NHK連續劇《跳駒》，飾演近似貞潔烈女的母親一角時，被七、八十歲的男人說「和我媽好像」，連中年男子也很有共鳴。

沒想到就連工作能力一流，卻完全不碰家事，和這角色完全相反的婦女們也稱讚這角色，還說這角色「很有知性美」，讓我有點驚訝呢！

或許正因為我不是這種人，才曉得完全不同類型的好吧。

現實中找不到像螢光幕上如此趨近完美的理想女性，這就是製作人的意圖吧。以往曾經存在，現在卻很難再找到這樣的女人，總會令人想再「回味」她的好，不是嗎？正因為再也找不到，所以回顧過往，就會覺得特別美好。

（摘自「現代社會哪還有貞潔烈女……」一九八八年三月）

《夢之女》電影。
導演．坂東玉三郎。
一九九三年上映。
主要演員：吉永小百合、樹木希林、長門裕之、永島敏行等。

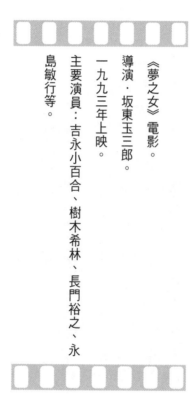

很少有女演員的身姿如此凜然

我很喜歡坂東玉三郎先生導演的作品《夢之女》。

一位即將墜入火坑的遊女一邊訴說這個悲慘的故事，一邊逐漸遠去的身影。最後一場戲，玉山郎仔細琢磨鏡頭，小百合女士也展現一流女演員的精湛演技。

明明直到某個時期還是那麼閃亮耀眼，一回神才驚覺容貌已變、連氣場也變得和以往不一樣，不少女星都是如此慘澹結束自己的演藝生涯。小百合女士不一樣，她非常珍惜自己的人生、生活、還有演員這份工作，無論是成功還是失敗，她都能化為自身的養分，堅毅地活著。

玉三郎先生曾對我說：「希林，妳會不自覺地盯著小百合看，對吧？」（笑）。沒錯，很少有女演員只是默默地站著，身姿卻如此凜然。我不是在說客套話，小百合女士真的是無可取代的一流女星。

（摘自「喜歡和服，喜歡電影」二〇〇八年一月）

《東京鐵塔：老媽和我，有時還有老爸》電影。

導演：松岡錠司。

二〇〇七年上映。

主要演員：小田切讓、樹木希林、內田也哉子、小林薰、松隆子等。

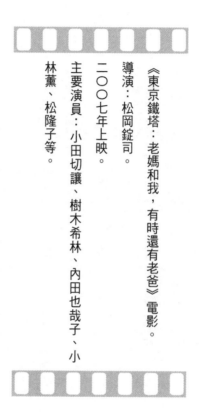

活脫脫就是「我和也哉子，有時還有裕也」

這個春天上映的電影《東京鐵塔：老媽和我，有時還有老爸》，是我和女兒內田也哉子一起演出的作品。雖說是一起演出，卻沒有演對手戲。因為主角的母親，也就是老媽的人生是由我和女兒分飾，也哉子演前半生，我演後半生。

「因為我也是『老媽和我，有時還有老爸』的獨生女，所以對這部電影格外有共鳴。」也哉子在電影宣傳會上的這番話引發哄堂大笑。

電影中和老爸分居，獨自撫養兒子的老媽人生，和與外子分居，養育也哉子的我的人生在形式上的確很像吧。

但其實我和戲裡的老媽完全不像，因為我完全不像老媽那麼謙虛、那麼深愛家人。一直以來，無論是對外子還是女兒，我都沒有全心全意地愛著他們。

我們一家三口幾乎不曾住在同一個屋簷下，卻還是維持家人關係超過三十年，所以活脫脫就是「我和也哉子，有時還有裕也」。

（摘自「老媽、裕也與女兒・也哉子」二〇〇七年五月）

果然女人的強韌，能讓家庭不會分崩離析

雖然老媽是個很溫柔的角色，但其實不盡然，因為她選擇嫁給老爸這種男人。所謂物以類聚，臭味相投，我覺得老媽這角色有優點，當然也有缺點，不然她可以活得更出色，也就不用活得那麼苦悶、寂寞，不是嗎？

好比兒子問她：「要不要來東京？」老媽回答：「好像去也不錯喔。」這就是老媽的個性；要是我的話，就會乾脆回答：「去啊！當然要去。」不然就是「我才不去呢！」總之，這句「好像去也不錯喔」給人一種很認命的感覺吧。總覺得她明明有本事可以活得更好，卻不時流露悲傷、愁苦感，卻又很堅強地活著。

果然女人的強韌能讓家庭不會分崩離析。看「始」這個字就知道了。一切事物的開端、紮下根基的都是女人。現在的社會啊，給人非常動搖不安的感覺，但只要基台穩固，就能克服很多事。我想每個女人在人生落幕時，一定有人會為她不捨落淚，也一定有人覺得「有妳真好」。

（摘自「樹木希林的話語」二〇〇七年四月）

就算經歷各種試煉，也不怨天尤人，這就是身為女人的瀟脫

這部電影的原作有句話：「母親是無私無欲的存在」，真的是這樣嗎？我覺得老媽也是在心裡盤算過，才選擇了這樣的人生，只是她從不怨天尤人，這就是過人之處。就算經歷各種試煉，也不怨天尤人，這就是身為女人的灑脫吧。我想，母親就是這樣的存在吧。

（摘自「樹木希林的話語」二〇〇七年四月）

人不是為了死而活著，要活到天命已盡才死

到了這把年紀，就會遇到許多死別。好比一直以來相約吃飯的人，哪天突然去了另一個世界，而且越是親近、交情越深厚的人，失落與悲傷也越大。老媽也是這樣的人，所以她很珍惜日常生活的一切。人不是為了死而活著，要活到天命已盡才死，而且啊，聽說死亡的瞬間會湧現這一生經歷的各種情感。

我想詮釋老媽這角色很特別的人生觀，而不是刻意突顯這角色的存在感。人要是無所謂的活著，也就不會對死亡有什麼特別感受吧。

（摘自「樹木希林的話語」二〇〇七年四月）

我想，這就是老媽的「顏施」

電影開拍之前，為了拍宣傳照，工作團隊去了一趟宮城縣細倉礦山的礦場遺跡取景。起初想說只是為了拍幾張照片，有必要大老遠跑去宮城嗎？但是沐浴在礦場特殊氛圍中，穿上戲服，坐在氣氛蕭瑟的長廊上，或是走在碎石子路上，感覺連眼神都變成老媽的眼神了。

結果看到拍出來的照片（參考封面），竟然露出那麼沉穩、美好的笑容，平常根本不知道自己會露出這麼棒的表情，心想：「啊啊～這就是老媽的顏施啊！」

「顏施」是佛教用語，意思是當別人看到這張臉時，要是瞬間感覺到什麼的話，就是給予別人什麼。我想，這就是老媽面對大家、面對這世間的顏施吧。我也打從心底告訴自己要演好老媽這角色。

劇中的兒子有一句獨白：「老媽這一生過得快樂嗎？」要是問老媽本人的話，也許會回答：「很快樂啊！我已經很滿足了。」但看在兒子眼裡，老媽的人生並非如此。不過，無論是誰，無論是用什麼方式告別人世，「終究很悲哀」不是嗎？

（摘自「老媽、裕也與女兒・也哉子」二〇〇七年五月）

《橫山家之味》電影。

導演：是枝裕和。

二〇〇八年上映。

主要演員：阿部寬、夏川結衣、YOU、樹木希林、原田芳雄等。

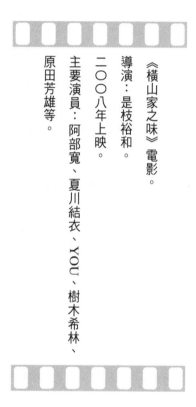

我是那種不看腳本，就答應演出的人

我是那種不看腳本，就答應演出的人。就算看腳本，也只是看個大概吧。而且我沒有經紀人，工作都是靠電話答錄機聯絡，所以人家問我這檔期能不能配合時，我一時之間也搞不清楚（笑）。這次我也是先答應演出，憑著一股直覺，感覺應該是部很棒的電影。後來拿到腳本，看到阿部（寬）飾演次子良多，心想他真的是我生的孩子嗎（笑）？

像我這種長得很路人甲的人，演這種角色很自然，但是像你（阿部寬）這種光是站在那裡就讓人忍不住多看兩眼的人，真的能演出那種寫實感嗎？還有啊，有一句我很喜歡的台詞。你（阿部寬）的頭撞到門框時，姊姊千奈美說了句：「你長太高還嫌房子低。」（笑）我覺得這句台詞很有是枝導演的風格，真的很有趣。

（摘自「家族是個無限大的課題。」二〇〇八年七月）

《神宮希林．我心中的神》紀錄片。
導演．伏原健之。
二〇一四年上映。
旅人：樹木希林。

雖然乍見不公平，其實任誰都背負著什麼

我一直以為伊勢神宮是拿納稅人的錢蓋的，知道不是時，還嚇一跳呢！而且從神宮神田到神宮林，參與的人數十分可觀啊！我從去年（二〇一三年）七月到十月的式年遷宮結束為止造訪過好幾次，這才發現原來伊勢神宮是一處結集那麼多人的心血與心思的地方。聽出現在電影裡頭的二軒茶屋餅店老闆說，通往神宮的路上聽得到參拜人潮的喧嘩聲，但是踏上宇治橋上的木板，走在鋪滿碎石子的參拜道上就只聽得到沙沙的腳步聲，應該是參道的氛圍能夠平靜心神吧。

（東日本大地震）海嘯侵襲過後，只剩瓦礫堆的雄勝町（石巻市）使用神宮林的檜木重建新山神社。那些向神祈願的人們身姿是如此美麗，努力克服困境，重建一座讓人們心靈有所依靠的小小神社，讓人很感動。

外國的月亮總是比較圓。雖然乍見不公平，其實任誰都背負著什麼，只能從中發現小小的喜樂與希望。為什麼我會遇到這種事？就算這麼哀嘆，也要試著放下，誠心祈願。想想在漫長人生中，如何消化苦難，如何迎接生命走到盡頭的一刻。我一直覺得躺在榻榻米上嚥下最後一口氣是最好的道別方式，之前只是怔怔地想罷了。但經過這趟旅行，確信這樣的告別方式最好。

（摘自「身為樹木希林的生存之道」二〇一四年五月）

淡淡存在於時間之流基底的人類讚歌

其實我不太接受這種「貼身採訪」的邀約。東京主要電視台的邀約通常都是在短時間之內就要趕拍完成，實在不曉得這麼做能傳達什麼給觀眾。關於這一點，地方電視台就好多了。雖然預算少，時間卻比較充裕，讓我可以大聊特聊，這樣的拍攝方式比較能做出好東西吧。

不是高談闊論什麼，只是想讓大家感受淡淡存在於時間之流基底的人類讚歌。因此，想了個「要是覺得活得很累，請休息一下吧」這樣的標題。至少窩在電影院比在賓館休息便宜，所以過來休息一下吧。就是這樣的意思。當然，不能真的睡著就是了（笑）。

（摘自「即使癌細胞轉移全身各處，我還是想善用自己直到嚥下最後一口氣」二〇一四年五月）

《戀戀銅鑼燒》電影。
導演：河瀨直美。
二〇一五年上映。
主要演員：樹木希林、永瀨正敏、內田伽羅、市原悅子等。

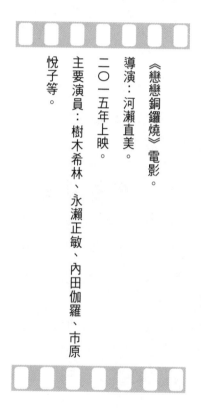

只希望自己能感同身受他們的痛苦

我聽說是講製作豆餡的故事，看了原著後決定接下這工作。開拍之前，河瀨導演約我一起去趟痲瘋病療養院「多磨全生園」。我都這把年紀了，才曉得原來東京有這麼一處地方。痲瘋病患者依法令，被隔離在這處佔地約八個東京巨蛋這麼大的療養院，直到一九九六年才廢除這項法令。活在偏見與差別待遇中的他們就算痊癒，也因為年紀大了，無法重返社會，而且這種人還不少。我從他們口中聽到這個事實，受到很大衝擊。面對他們的遭遇，我無法只是抱持同情，因為這麼做很冒昧，只希望自己能感同身受他們的痛苦。

河瀨導演是那種必須實際體驗過，才會開始拍攝的人。我演的德江是個做豆餡的名人，所以我也去了甜點學校，從早到晚學做豆餡，也才知道原來豆餡裡頭要加麥芽糖啊！

（摘自「人生就是不留遺憾，如何成熟的走完這輩子吧」二〇一五年六月）

生病絕對不是什麼可悲的事

今年七十二歲的我和電影裡的德江一樣生了病，但我知道生病絕對不是什麼可悲的事，就算生了病，還是能懷著希望活下去。我想透過這部作品告訴大家，善用自己的生命直到最後一刻。

（摘自「人生就是不留遺憾，如何成熟的走完這輩子吧」二〇一五年六月）

每個人都以不同的方式背負著什麼，但這東西絕對不是人生的全部

我和上野（正子）女士碰面，原來這部電影的女主角德江就是以她為藍本。上野女士出身不錯的家庭，十三歲那年確診罹患痲瘋病，父親將她送到鹿兒島的大隅半島療養院，那裡到現在還是非常荒僻的地方。上野女士平靜地和我聊著往事，總覺得她和德江的遭遇好像啊！頓時覺得我們的關係好貼近（笑）。明明她的人生是那麼坎坷，卻一點也不怨天尤人。

每個人都以不同的方式背負著什麼，但這東西絕對不是人生的全部。不管再怎麼痛苦，只要試著轉念，就能感受到不一樣的人生，不盡然是悲苦殘酷的事。

（摘自「如果還剩下一個禮拜，隨時死都可以」二〇一五年六月）

我想藉由自己的身體詮釋平凡的市井小民

關於如何塑造角色這件事啊。我覺得要是無法將日常言行不著痕跡地轉換成演技，就稱不上是演員吧。也就是說，就算我說「我是女演員」，別人也不覺得。透過我的主治醫師介紹，我拜訪了上野女士待的療養院。一連造訪好幾天的我就像一般人去別人家拜訪那樣，絕對不會端個女演員的派頭，因為我想藉由自己的身體詮釋平凡的市井小民。

話匣子大開的上野女士突然對我說：「妳很像在電視上看過的一個人耶。」我回答：「對啊，我有上電視。」於是她對我說了句：「加油哦！」還說：「這個給妳拿回去吧。」原來是她做的家常菜，我明明推辭過啊（笑）。自然而然鼓勵大老遠跑來拜訪她的客人，我想這就是上野女士的一貫作風吧。

（摘自「如果還剩下一個禮拜，隨時死都可以」二〇一五年六月）

我們都這把年紀了，還能被嚴格要求，其實很幸福

（為何答應演出《戀戀銅鑼燒》？）我對河瀨導演這個人很感興趣吧。一般都是聽到導演喊：「好～Start！」我們才開始演，河瀨導演卻要求演員從梳妝完成時就開始融入角色；譬如要是演務農的角色，就算不是拍在農地工作的戲，也要有務農人家的樣子，完全是用拍攝紀錄片方式來拍電影。到我這年紀，根本不會有人這麼要求我們啊！所以市原悅子和我都這把年紀了，還能被嚴格要求，其實很幸福啊！

（摘自「只要是公眾人物，就沒有隱私可言，所以演藝圈不是那麼好混的地方哦！」二〇一五年六月）

無論是什麼樣的角色，只要是使用人這個身體就一定有著共通點

我也探訪了住在養護中心的人。當我向他們伸手問好時，發現有人缺了手指；但他們都努力克服艱困過往，活得好開朗。我活到七十二歲才領悟這種事，深深覺得無知是很殘酷的事，為這樣的自己深感慚愧、有罪惡感。

其實德江這角色並沒有什麼很難詮釋的地方。雖然有些人看起來活得很自由，其實還是懷抱著自己或是面對家人的難解課題，這就是身為人的難處。無論是什麼樣的角色，只要是使用人這個身體就一定有著共通點。

好比演的是個殺人犯，也有他之所以活著的理由，所以我不會用高高在上的角度來看待這個角色，覺得他好可憐什麼的，也不會將殘酷這字眼套在角色上，而是想辦法讓自己融入這角色，走進這角色。雖然有些人為了挑戰和自己截然不同的角色，而完全抹煞自己的存在，但我會始終保有自己。

（摘自「封面人物　樹木希林」二〇一五年七月）

《比海還深》電影。
導演：是枝裕和。
二〇一六年上映。
主要演員：阿部寬、真木陽子、小林聰美、樹木希林等。

要以平凡日常捉住觀眾的心，可真是高難度的技巧啊！

要是有什麼特別的設定或故事，很容易就能吸引觀眾的目光，但要以平凡日常捉住觀眾的心，可真是高難度的技巧啊！是枝導演就是有這等能耐，因為他很仔細觀察「人」這個生物。

這次的作品背景是位於郊區的一處社區，而且是描述再平凡不過的家庭日常生活，所以完全沒有什麼浪漫元素。我演個站在任何人旁邊都不會突兀的平凡老母親。這次又是演那種隨處可見，卻超難演的母親角色（笑）。

（摘自「『不應該是這樣』但這就是人生」二〇一六年六月）

《積存時間的生活》紀錄片。
導演：伏原健之。
二〇一七年上映。
主要演員：津端修一、津端英子。
旁白：樹木希林。

彬彬有禮、沉穩大方，卻也有不拘小節的一面

（《積存時間的生活》是一部描述老夫婦過著美好生活的電影）我拿到腳本後並沒有預習，只是讀過而已，反正已經用聲音騙了將近六十年囉（笑）。想說旁白工作不需要記台詞，應該很輕鬆；沒想到上了年紀，不但有點重聽，講話也不夠輪轉，只好一直對工作人員說自己已經盡力了。

英子女士真的好可愛。片子完成後，我們初次見面，一起去居酒屋聚聚，她真是個充滿正向活力的人，難怪會找到像修一先生這麼好的丈夫，彬彬有禮、沉穩大方，卻也有不拘小節的一面，真的是一對令人欽羨的夫婦。我看完影片後，心想「要是能過著這樣的人生，真的無憾」啊！大家一定也這麼覺得吧？

我不是討厭自己的人生，一味羨慕別人的人生，絕對不是這樣的意思。我這輩子要走的路，就是這樣的路，只是覺得津端夫婦的人生實在太棒了。

（摘自「臨終時，邊聽著裕也先生的歌……」二〇一七年一月）

活像個令人匪夷所思的卡通人物商品（笑）

英子女士說另一半「年紀越大，長得越有男人味」，這是我和外子根本不可能達到的境界。我有時看到內田，會覺得「這個人明明以前長得很有男人味啊！怎麼會變成這樣呢？」我想，彼此彼此吧。他一定也覺得現在的我不怎麼樣，甚至覺得我這模樣「很怪」，活像設計失敗的公仔娃娃（笑）。

（摘自「臨終時，邊聽著裕也先生的歌……」二〇一七年一月）

《仙人畫家：熊谷守一》電影。
導演：沖田修一。
二〇一八年上映。
主要演員：山崎努、樹木希林、加瀨亮等。

聽到山崎努先生要演守一，馬上就說：「好，我要演。」

電影《仙人畫家：熊谷守一》描述畫家熊谷守一的生平，我一聽到山崎努先生要演守一，馬上就說：「好，我要演。」

我從年輕時就很熟悉熊谷守一的畫作。他的貓畫非常有名，畫風簡單到讓人不禁想問：「這是小學生畫的嗎？」就是如此特別。他因為腳疾，直到去世為止，過著三十年足不出戶的生活。他每天花好幾個小時仔細觀察庭院裡的植物、石頭、螞蟻等生物。直到高壽九十七歲過世的前幾個月，依舊持續作畫、寫字。

守一先生是非常有魅力的人，而且一點也不媚俗。我一直沒機會和飾演守一的山崎努先生合作，所以能和他一起演出這部作品，是我莫大的幸福。山崎努先生也很喜歡守一先生，甚至說他是「我的偶像」。

我飾演守一先生的太太秀子女士，我想她一定是個天真爛漫的人，打從心底尊敬丈夫。因為她也會畫畫，才能感受到守一先生身為畫家的驚世才華吧。所以她接受丈夫的一切，這正是我最欠缺的一點（笑）。

（摘自「封面的我　就是原本的模樣」二〇一八年五月）

《小偷家族》電影。
導演：是枝裕和。
二〇一八年上映。
主要演員：中川雅也、安藤櫻、松岡茉優、池松壯亮、樹木希林等。

是枝先生那些肯定人也有不堪一面的作品，真的很有魅力

（聽說您為了演老奶奶這角色，還拿掉假牙）不是什麼挑戰啦！只是看膩了自己這張臉罷了。也是想說要是沒有牙齒的話，不但面部骨架會變得不太一樣，講話也有點漏風吧。頭髮也是啊，上了年紀就懶得整理，長長的，感覺有點邋遢，不是嗎？當然，想說還是先跟是枝先生溝通一下，但我已經決定「用這張臉上場」，也沒辦法改了（笑）。

是枝導演是個心思細膩，善於挖掘人心深層一面的創作者。這部電影的宣傳標語「偷竊也是一種羈絆」，就是在講不管彼此是不是有血緣關係，人並非一個人，而是和誰在一起，就這樣成了家族，關係變得更複雜。當然羈絆也是會崩壞瓦解的，所以人沒有絕對永遠不變的東西。這種有趣之處、肯定人們也有不堪一面作品真的很有魅力啊！無能也有值得愛的地方。

（摘自「不是歸類，而是仔細觀察人」二〇一八年六月）

我想讓大家看看人會逐漸老去，漸漸腐朽的模樣

我曾被人家說：「女演員做到這種地步，比拍脫戲更不堪吧。」拍電影《小偷家族》時，我不是拿掉假牙嗎？頭髮也不梳理，成了邋遢的老婆婆，是吧？

想說這是自己最後一次演出是枝導演的作品，所以提議這麼做。我已經是半隻腳踏進棺材的老人家了，必須想想要怎麼圓滿收場才行。

我想讓大家看看人會逐漸老去，漸漸腐朽的模樣。愈來愈少人和高齡者一起生活，所以大家也不太清楚人上了年紀後是什麼模樣吧？有人說我在電影裡那段吃橘子的戲好寫實，用牙齦咬著籽，沒牙齒的人吃東西就是那樣啊！

如何透過自己的身體表現人這個生物？這是演員的工作。《小偷家族》之所以榮獲金棕櫚獎，是因為這部作品深入剖析每個人如何活到現在吧。每個角色都是我們的生活寫照，不是嗎？

（摘自「身為女演員的全心全意與自由　比全裸更讓人羞恥的事」二〇一八年六月）

代理喪主的悼詞

由衷感謝大家於百忙之中，撥冗出席家母，內田啟子的喪禮。

請容許我以代理喪主身分，向諸位致上謝意。

我明明是在講家母的事，但要是家父內田裕也不在場，還真是講不出口。其實，不應該在這種場合講這種事吧。想想，內田家很少會彼此傳訊息，而且每次傳訊息都是要去面對一大堆證人的地方，真是奇怪的家庭。加上母親生前是那種不怕「家醜外揚」的個性，所以請容許我在不造成大家的困擾下，稍微說些話。

直到我結婚的十九年之間，我家只有我和母親而已。

雖然父親在這個家只是一個象徵性存在，但不管他做任何事，都會深深影響我們，這是不爭的事實。小時候的我曾被經常不在的父親那過於沉重的存在感給壓得喘不過氣。深感困惑的我曾逼問母親：「為什麼還要維持這種關係？」她淡淡地說：「因為你爸身上還有一點點純粹的東西。」這番話說得我啞口無言。

雖說是自己的父母，也明白每個人都有自己的選擇，但我心中永遠有著難解的謎。

幾天前，我在母親的書房找東西時，發現一本小相簿。翻著每一頁仔細貼上母親的朋友、還有我小時候從國外寄給她的信時，視線停留在倫敦某家飯店已經褪色的便箋。那是母親的藝名還是悠木千帆時，父親寄給她的信。

下次想和 CHIHO 一起來！回去後，兩人一起慶祝結婚一周年。

還有藏王與洛杉磯，打造世界上絕無僅有的的紀念日！

這一年，給妳添了很多麻煩的我正在反省。

要是我有經濟能力的話，就會少惹些麻煩吧。

我非常清楚自己的夢想與 GAMBLE 讓我付出極高代價。

反覆思索，覺得自己真的很矛盾。

莫非到了必須思考將 ROCK 視為商業行為的時候嗎？

最近總是不自覺的將「成語」套用在自己身上。

希望能早點找到掙脫困境的答案！

也希望自己身上不要兼具安穩與狡猾。

就算妳罵我「飯桶！」、「混蛋！」、「你這傢伙！」，我也真心愛妳。

一九七四年十月十九日　於倫敦　裕也

直到現在還是無法想像。這封塞滿父親對於母親的感謝與親密思念的信，讓我半晌說不出話來。我竟然能夠理解父親那讓人深感棘手的渾沌、苦惱與純粹，也明白母親為何從沒讓別人見過這封信，小心翼翼收藏在自己的書櫃裡。

頓時感覺長年積存在我心中，對於父母那難以諒解的疙瘩倏然化解。沒想到長年積累、不可能化解的沉痾竟然因為如此單純的事而煙消雲散，連我自己也很錯愕……。

母親有時會自我嘲諷似的笑著說：「我嫁進內田家，本木先生願意繼承內田家，大家都努力維持這個家，但最重要的內田先生卻不在啊！」也許我唯一能盡的孝心就是和本木先生結婚吧。有時我會指責母親的不是，也會鼓起勇氣，毆打把家裡搞得天翻地覆的父親，但父母對我的愛還是遠超過我對他們的愛。相較於一派坦率的母親，父親是那麼恣意任性；在一家之主不在的內田家裡，母親默默撐起這個家的身影始終讓我覺得很不可思議，卻也有些感動。然而，這個絕妙的平衡感如今已經缺失了。摸索內田家新平衡感的時刻到來。內心惶恐不已的我拚命從記憶中搜尋母親說過的話。

「不要害怕，也不要和別人比較，只要愉快、平心靜氣地活著就行了。」

雖然還有很多事要做，但希望自己能不慌不忙，珍惜與家人度過的每一天。母親生前交代我，希望喪禮低調些，結果還是在光林寺像這樣與眾親好友告別。此外，在諸多人士的鼎力相助中，感受到各位與母親獨一無二的友誼，著實給予身為遺族的我們莫大的心靈支持，深深感謝每一位對於母親生前的厚愛。懇請今後也像對待故人一樣，繼續給予我們關愛與指教，由衷致上謝意。

二〇一八年九月三十日　內田也哉子　於東京／光林寺

樹木希林生平年表

一九四三年（昭和十八年）	・出生於東京都，本名中谷啟子。父親是薩摩琵琶演奏家：中谷襄水（辰治）。
一九六一年（昭和三十六年）　十八歲	・成為文學座附屬戲劇研究所第一屆實習生，以藝名「悠木千帆」開啟演藝生涯。
一九六四年（昭和三十九年）　二十一歲	・電視劇《七個孫子》（TBS）第一季開播，與森繁久彌初次合演，飾演男主角（社長）森繁身邊的女僕，演技備受好評。 ・與文學座同期演員，演員岸田森結婚。
一九六五年（昭和四十年）　二十二歲	・成為文學座正式學員。 ・《七個孫子》（TBS）第二季開播。
一九六六年（昭和四十一年）　二十三歲	・退出文學座之後，與丈夫岸田森、村松克己、草野大悟等人，創立劇團《六月劇場》。 ・電影《續・酩酊博士》（井上昭執導）上映，與勝新太郎合演。
一九六七年（昭和四十二年）　二十四歲	・電影《旅路》（村山新治執導）上映。
一九六八年（昭和四十三年）　二十五歲	・與岸田森離婚。
一九六九年（昭和四十四年）　二十六歲	・電影《瘋狂大爆發》（古澤憲吾執導）上映。

一九七〇年（昭和四十五年） 二十七歲
- 電影《男人真命苦3戀愛大放題》（森崎東執導）上映，與渥美青合演。
- 電視劇 水曜劇場《時間到了唷！》（TBS）第一季開播。飾演戲裡的澡堂「松之湯」工作人員，與堺正章等人合演。

一九七一年（昭和四十六年） 二十八歲
- 電視劇《時間到了唷！》（TBS）第二季開播。

一九七二年（昭和四十七年） 二十九歲
- 電視劇《堂兄弟們》（日本電視）第二季開播。

一九七三年（昭和四十八年） 三十歲
- 電視劇《時間到了唷！》（TBS）第三季開播。
- 與搖滾歌手內田裕也結婚。

一九七四年（昭和四十九年） 三十一歲
- 電視劇《寺內貫太郎一家》（TBS）開播。扮老演出小林亞星飾演的石屋老闆貫太郎的母親，大受好評。
- 電視劇《時間到了唷！昭和元年》（TBS）第二季開播。再次扮老飾演「龜湯」女將的老母親，蔚為話題。
- 電影《再見了！朋友》（澤田幸弘執導）上映，與松田優作合演。

一九七五年（昭和五十年） 三十二歲
- 電視劇《寺內貫太郎一家2》（TBS）開播。
- 電影《龜殼花與錦蛇》（中島貞夫執導）上映。

一九七六年（昭和五十一年） 三十三歲
- 長女內田也哉子出生。
- 電視劇 水曜劇場《櫻花之歌》（TBS）開播。

一九七七年（昭和五十二年）三十四歲

・日本教育電視台（NET電視）更名為全國朝日放送（朝日電視）時，於特別紀念節目中的拍賣會單元，以自己的藝名「悠木千帆」作為拍賣品，最後以兩萬零兩百日圓定槌，之後改名「樹木希林」，有「樹和木聚集在一起，就能成為獨一無二的稀有林」聯想之意。
・電視劇 水曜劇場《姆》（TBS）開播，與一起演出的鄉廣美合唱「妖怪的搖滾樂」一曲熱賣。
・電視劇 水曜劇場《清子宙太郎——忍宿借夫婦巷談》（TBS）開播。

一九七八年（昭和五十三年）三十五歲

・電視劇《姆一族》開播。與一起演出的鄉廣美合唱「林檎殺人事件」一曲廣受喜愛。

一九七九年（昭和五十四年）三十六歲

・在《姆一族》殺青酒會上致詞，大爆製作人久世光彥與該劇女演員野口智子外遇，引起軒然大波，樹木與久世就此絕交（直到一九九六年演出電視劇《小少爺》）。當時野口已經懷有八個月的身孕，久世當場承認，之後離婚並與野口再婚。
・客串演出電視劇《探偵物語》（日本電視）第九集，與松田優作合演。

一九八〇年（昭和五十五年）三十七歲

- 電影《流浪者之歌》（鈴木清順執導）上映。
- 電視劇《服部半藏 影之軍團》（關西電視）開播。
- 在廣告「易利氣磁力貼」與蓓福藤本的會長橫矢動一搭一唱的演出，讓她贏得高人氣。
- 從一九七八年開始演出「富士軟片」廣告，飾演到沖洗店沖洗照片的客人綾小路小百合，與飾演店員的岸本加世子在片中的廣告詞「美麗的人會更美麗，不美的人就是真實呈現……」蔚為話題。之後繼續擔任「富士軟片」的廣告代言人長達四十年。

一九八一年（昭和五十六年）三十八歲

- 電視劇《夢千代日記》（NHK）第一部開播，與吉永小百合合演。
- 在時代劇特別篇《偵探補物帖》（富士電視），與田中邦衛合演。
- 電影《野菊之墓》（澤井信一郎執導）上映。
- 內田裕也擅自提交離婚申請書，樹木希林提出離婚無效之訴，結果勝訴。

一九八二年（昭和五十七年）三十九歲

- 電視劇《夢千代日記》（NHK）第二部《續・夢千代日記》開播。
- 電視劇《女搜查官》（朝日電視）開播。
- 電影《轉校生》（大林宣彥執導）上映。
- 電影《刑事物語》（渡邊祐介執導）上映。

一九八三年（昭和五十八年）四十歲
・電影《越過天城》（三村晴彥執導）上映。
・電影《故鄉》（神山征二郎執導）上映。

一九八四年（昭和五十九年）四十一歲
・電視劇《夢千代日記》第三部《新・夢千代日記》（NHK）開播。

一九八五年（昭和六十年）四十二歲
・電影《寂寞的人》（大林宣彥執導）上映。
・電影《夢千代日記》（浦山桐郎執導）上映。
・電影《卡彭慟哭》（鈴木清順執導）上映。

一九八六年（昭和六十一年）四十三歲
・電視劇《飛翔警視》（TBS）開播。
・NHK晨間小說連續劇《跳駒》開播。以此劇獲得第三十七屆藝術選獎文部大臣獎。

一九八八年（昭和六十三年）四十五歲
・電影《鶴》（市川崑執導）上映，與吉永小百合合演。
・解散事務所，親自經紀自己的演藝事業。

一九九〇年（平成二年）四十七歲
・NHK大河劇《宛如飛翔》開播。
・電視劇《媽媽戰爭》（讀賣電視）開播。

一九九一年（平成三年）四十八歲
・電影《大誘拐 RAINBOW KIDS》（岡本喜八執導）上映。
・NHK晨間小說連續劇《請問芳名》開播。
・實錄犯罪史系列《金錢戰爭》（富士電視）開播，與北野武合演。
・電視劇《偵探補物帖》（富士電視）開播。

一九九二年（平成四年）四十九歲
・電影《中學教師》（平山秀幸執導）上映。

一九九三年（平成五年）	五十歲	・電視劇《今後，海邊的旅人們》（富士電視）開播，與高倉健合演。 ・電影《夢之女》（坂東玉三郎執導）上映，與吉永小百合合演。
一九九四年（平成六年）	五十一歲	・電影《櫻》（神山征二郎執導）上映。
一九九五年（平成七年）	五十二歲	・電視劇《廚藝小天王》（朝日電視）開播。 ・電視劇 東芝日曜劇場《光輝鄰太郎》（ＴＢＳ）開播。 ・女兒內田也哉子與本木雅弘結婚。
一九九六年（平成八年）	五十三歲	・製作人久世光彥的製作的電視劇《小少爺》開播，樹木希林與鄉廣美合演。 ・電視劇《玻璃碎片》（ＴＢＳ）開播。
一九九七年（平成九年）	五十四歲	・電影《愛情、煙火與摩天輪》、《必殺終結者》（石原興執導）、上映。
一九九九年（平成十一年）	五十六歲	・電影《刑法第三十九條》（森田芳光執導）上映。
二〇〇〇年（平成十二年）	五十七歲	・ＮＨＫ大河劇《葵 德川三代》開播，飾演阿福（春日局）。
二〇〇一年（平成十三年）	五十八歲	・電視劇《菊次郎與咲》（朝日電視）開播。 ・電影《東京金盞花》（市川準執導）上映。 ・電影《紙箱屋女孩》（松浦雅子執導）上映。

二〇〇二年（平成十四年）	五十九歲	・日語教養節目《日語歲時記・大希林》（ＮＨＫ）開播（二〇〇五年結束）。 ・電影《武者回歸》（山崎貴執導）上映。 ・電影《命》（篠原哲雄執導）上映。 ・以演出長達將近半世紀的「富士軟片」廣告片等，榮獲廣告明星好感度的女星第一名（資料來源：廣告綜合研究所）。
二〇〇三年（平成十五年）	六十歲	・左眼因為視網膜剝離，幾近全盲。
二〇〇四年（平成十六年）	六十一歲	・參與ＴＢＳ開臺五十周年特別電視劇《向田邦子的情書》演出。 ・電影《半自白》（佐佐部清執導）上映，樹木希林以該劇榮獲第二十六屆橫濱電影節最佳女配、第二十八屆日本電影金像獎最佳女配角、第五十九屆日本放送電影藝術大獎最佳女配角獎等。 ・電影《下妻物語》（中島哲也執導）上映。 ・電影《螢之星》（菅原浩志執導）上映。 ・樹木希林在與長嶋茂雄對談集《人生的智囊》，坦言左眼失明一事。
二〇〇五年（平成十七年）	六十二歲	・因為罹患乳癌，切除右乳。
二〇〇六年（平成十八年）	六十三歲	・ＴＢＳ特別電視劇《我們的戰爭》開播。 ・電視劇《東京鐵塔：老媽和我，有時還有老爸》（富士電視）開播。 ・電影《Check it out Yo !》（宮本理江子執導）上映。

二〇〇七年（平成十九年）	六十四歲	・電影《東京鐵塔：老媽和我，有時還有老爸》（松岡錠司執導）上映。女兒內田也哉子也參與演出。樹木希林以該作融化第三十一屆日本金像講最佳女主角、第二十屆日刊體育電影大獎最佳女配角、第六十二屆日本放送點影藝術大獎最佳女配角等。
二〇〇八年（平成二十年）	六十五歲	・電影《橫山家之味》（是枝裕和執導）上映。樹木希林以該作榮獲第三十屆南特影展最佳女配角、第三十三屆報知電影獎最佳女配角、第五十一屆藍絲帶獎最佳女配角、第八十二屆電影旬報 BEST TEN 女配角、第三十二屆日本金像獎最佳女配角、第六十三屆日本放送電影藝術大獎最佳女配角等。 ・秋季授勳時，獲頒紫綬褒章。
二〇一〇年（平成二十二年）	六十七歲	・電影《惡人》（李相日執導）上映。樹木希林以該作榮獲第三十四屆日本金像獎最佳女配角。 ・電影《宮城野》（山崎達璽執導）上映。
二〇一一年（平成二十三年）	六十八歲	・電影《奇蹟》（是枝裕和執導）上映。樹木希林與外孫女內田伽羅初次一起演出。

二〇一二年（平成二十四年） 六十九歲
・電影《我的母親手記》（原田真人執導）上映。。樹木希林以該作榮獲第四屆 TAMA 電影獎最佳女主角、第二十五屆日刊體運電影大獎最佳女主角等。
・電影《羈絆》（平山雄一朗執導）上映。

二〇一三年（平成二十五年） 七十歲
・樹木希林以電影《我的母親手記》榮獲第三十六屆日本金像獎最佳女主角，上台領獎致謝詞時，坦言癌細胞已經轉移全身各處。
・電影《我的意外爸爸》（是枝裕和執導）上映。

二〇一四年（平成二十六年） 七十一歲
・電影《神宮希林・我心中的神》（伏原健之執導）上映。
・秋季授勳時，獲頒旭日小綬章。

二〇一五年（平成二十七年） 七十二歲
・電影《投靠女與出走男》（原田真人執導）上映，樹木希林以該作、《戀戀銅鑼燒》、《海街日記》的精湛演技，榮獲第七屆 TAMA 電影獎最佳女主角。
・電影《戀戀銅鑼燒》（河瀨直美執導）上映，樹木希林以該作榮獲山路芙美子最佳女主角、第四十屆報知電影獎最佳女主角、第三十九屆日本金像獎最佳女主角等。
・電影《海街日記》（是枝裕和執導）上映。

二〇一六年（平成二十八年） 七十三歲
・榮獲第十屆亞洲電影大獎終身成就獎。
・電影《比海還深》（是枝裕和執導）上映。

二〇一七年（平成二十九年）七十四歲

・電影《積存時間的生活》（伏原健之執導）上映，樹木希林擔綱旁白。

二〇一八年（平成三十年）　七十五歲

・電影《仙人畫家：熊谷守一》（沖田修一執導）上映，如願與山崎努合演。
・電影《小偷家族》（是枝裕和執導）上映。
・擔綱紀錄片《The Nonfiction 停不下來的靈魂 內田裕也》的旁白
・八月時，因為大腿骨骨折，緊急動手術。
・九月十五日在家人看顧下，於東京都涉谷區自家與世長辭。
・九月三十日於東京都港區光林寺舉行喪禮。
・電影《日日是好日》（大森立嗣執導）上映。
・樹木希林首次親自企劃的電影《Erica 38》（日比遊一執導），以及德國電影《Cherry Blossoms and Demons》（Doris Dörrie 執導）成為她的遺作（兩部皆預定於二〇一九年上映）。

摘錄報導來源一覽

【第一章】

《いきいき》（現「ハルメク」）二〇〇八年七月號「家族是個無限大的課題。」樹木希林×阿部寬

《PHPスペシャル》二〇一五年七月號「上了年紀是件有趣的事」

《週刊朝日》二〇一六年五月二十七日號「真理子的來賓對談集」樹木希林×林真理子

《婦人公論》二〇一六年六月十四日號「從五十歲開始的十年是人生的分歧點」樹木希林×小林聰美

《PHPスペシャル》二〇一六年六月號「『不應該是這樣』但這就是人生」

《SOPHIA》一九八八年十一月號「什麼是與男人『感應』相伴的生存之道」樹木希林×瀨戶內寂聽

《クロワッサン》（マガジンハウス）一九八七年一月二十五日號「娓娓道來一件事吧　女人的魅力2」倉橋由美子×樹木希林

《MORE》一九八五年五月號「秋子崇敬的女演員」樹木希林×和田秋子

《LEE》一九八八年三月號「現代社會哪還有貞潔烈女……」樹木希林×橋本治

《AERA》二〇一六年五月三十日號「你成為『你想成為的大人』嗎？」阿部寬×樹木希林

《FRaU》二〇〇二年八月二十七日號「這個人說的話是至理名言！」

《いきいき》（現「ハルメク」）二〇〇七年一月號「歡迎宇津井健先生、樹木希林女士。」樹木希林×宇津井健

《週刊現代》二〇一五年六月六日號「『我』與『家人』的故事」

《いきいき》（現「ハルメク」）二〇一五年六月號「人生了無遺憾吧。再來就是該如何成熟地走完這一生吧。」
《朝日ジャーナル》一九八七年七月二十四日號「筑紫哲也的電視現論 茶室之神」樹木希林×筑紫哲也
《女性自身》一九九五年七月二十五日號「母親樹木希林向親友坦言『七夕婚禮』的所有秘辛」樹木希林×小林由紀子
《文藝春秋》二〇一四年五月號「即使癌細胞轉移全身各處，我還是想善用自己直到嚥下最後一口氣」
《AERA》一九九六年九月十五日號「我憧憬的人生最後一哩路」
《エフ》二〇〇一年七月號「這位女性的人生軌跡」
《新刊ニュース》二〇〇二年二月號「純真老後」灰谷健次郎×樹木希林
《家庭画報》二〇〇八年一月號「喜歡和服，喜歡電影」吉永小百合×樹木希林
《キネマ旬報》二〇〇八年十二月上旬號「這就是開端」樹木希林×斎藤明美
《ステラ》二〇一三年十一月二十九日號「溫故希林in台灣」
《婦人画報》二〇一五年六月號「如果還剩下一個禮拜，隨時死都可以」樹木希林×多利安助川
《家の光》二〇一五年七月號「封面人物 樹木希林」
《キネマ旬報》二〇一五年七月上旬號「摘自『一切隨心』」樹木希林×市原悅子
《週刊朝日》二〇一四年五月九日・十六日號「七十歲初次參拜伊勢神宮　紀錄片」
《AERA》二〇一七年五月十五日號「癌細胞轉移全身各處，演員・樹木希林的生死觀」
《女性セブン》二〇一七年一月五日・十二日號「來自樹木希林的電話」
《婦人公論》二〇一八年五月二十二日號「封面的我　就是原本的模樣」

《ハルメク》二〇一六年六月號「隔了八年之久，兩人再次同台！　特別對談」阿部寛×樹木希林
《FRaU》二〇一六年六月號「花與遺照」樹木希林×荒木經惟
《文藝春秋》二〇〇七年五月號「老媽、裕也與女兒・也哉子」

【第二章】

《いきいき》（現「ハルメク」）二〇〇八年七月號「家族是個無限大的課題。」樹木希林×阿部寛
《キネマ旬報》二〇〇八年十二月上旬號「這就是開端」樹木希林×斎藤明美
《婦人画報》二〇一六年六月號「深入探討這個人！」樹木希林×辛酸なめ子
《エフ》二〇〇一年七月號「這位女性的人生軌跡」
《文藝春秋》二〇〇七年五月號「老媽、裕也與女兒・也哉子」
《婦人公論》二〇一六年六月十四日號「從五十歲開始的十年是人生的分歧點」樹木希林×小林聰美
《LEE》一九八八年三月號「現代社會哪還有貞潔烈女……」樹木希林×橋本治
《SOPHIA》一九八八年十一月號「什麼是與男人『感應』相伴的生存之道」樹木希林×瀨戶內寂聽
《週刊現代》二〇一五年六月六日號「『我』與『家人』的故事」
《婦人公論》二〇一五年六月九日號「多虧妻子這個身分，讓我懂得節制」
《FRaU》二〇一六年六月號「花與遺照」樹木希林×荒木經惟
《クロワッサン》（マガジンハウス）二〇〇九年一月十日號「我想過著不虛偽的人生，所以才會維持這樣的夫妻關係。」

《いきいき》（現「ハルメク」）二〇〇七年一月號「歡迎宇津井健先生、樹木希林女士。」樹木希林×宇津井健

《ミセス》二〇〇三年十一月號「用之美，魯山人」樹木希林×梶川芳友

《女性自身》一九九五年七月十八日號「本木 內田也哉子小姐的『七夕婚禮』特別企劃1」樹木希林×小林由紀子

《女性自身》一九九五年七月二十五日號「母親樹木希林向親友坦言『七夕婚禮』的所有秘辛」樹木希林×小林由紀子

《婦人公論》二〇〇八年六月二十二日號「畢竟是家人，有摩擦也是在所難免」樹木希林×YOU

《anan》（マガジンハウス）二〇一五年六月十日號「一旦成為公眾人物，就沒有隱私可言，演藝圈可不是這麼好混的地方哦！」

《週刊女性》二〇一七年一月二十四日號「臨終時，邊聽著裕也先生的歌……」

《週刊新潮》二〇一三年三月二十一日號「坦言『癌細胞轉移全身各處』專訪樹木希林」

【第三章】

《いきいき》（現「ハルメク」）二〇〇七年一月號「歡迎宇津井健先生、樹木希林女士。」樹木希林×宇津井健

《いきいき》（現「ハルメク」）二〇〇八年七月號「家族是個無限大的課題。」樹木希林×阿部寬

《クロワッサン》（マガジンハウス）二〇〇九年一月十日號「我想過著不虛偽的人生，所以才會維持這樣的夫妻關係」

《婦人画報》二〇一五年六月號「如果還剩下一個禮拜，隨時死都可以」樹木希林×多利安助川

《文藝春秋》二〇一四年五月號「即使癌細胞轉移全身各處，我還是想善用自己直到嚥下最後一口氣」

《ゆうゆう》二〇一六年六月號「雖然身體有點那個，卻不再感到害怕，看來上了年紀也是有好處的」樹木希林×橋爪功

《週刊現代》二〇一五年六月六日號「『我』與『家人』的故事」

《ステラ》二〇一三年十一月二十九日號「溫故希林in台灣」

【第四章】

《キネマ旬報》二〇〇八年十二月上旬號「這就是開端」樹木希林×斎藤明美

《MORE》一九八五年五月號「秋子崇敬的女演員」樹木希林×和田秋子

《朝日ジャーナル》一九八七年七月二十四日號「筑紫哲也的電視現論 茶室之神」樹木希林×筑紫哲也

《いきいき》（現「ハルメク」）二〇〇八年七月號「家族是個無限大的課題。」樹木希林×阿部寛

《いきいき》（現「ハルメク」）二〇〇七年一月號「歡迎宇津井健先生、樹木希林女士。」樹木希林×宇津井健

《FRaU》二〇〇二年八月二十七日號「這個人說的話是至理名言！」

《FRaU》二〇一六年六月號「花與遺照」樹木希林×荒木經惟

《テレビサライ》二〇〇三年三月號「有『ＣＭ女王』美稱的樹木希林」

《オール讀物》二〇〇一年一月號「演戲還是『搞笑』最讚」樹木希林×久世光彥

《文藝春秋》二〇〇七年五月號「老媽、裕也與女兒・也哉子」

《anan》（マガジンハウス）二〇一五年六月十日號「一旦成為公眾人物，就沒有隱私可言，演藝圈可不是這麼好

混的地方哦！」
《AERA》二〇一八年六月十八日號「身為女演員的全心全意與自由　比全裸更讓人羞恥的事」

【第五章】

《LEE》一九八八年三月號「現代社會哪還有貞潔烈女……」樹木希林×橋本治
《オレンジページ》二〇〇七年五月二日號「TORICO CINEMA」
《クロワッサン》（マガジンハウス）一九八七年一月二十五日號「娓娓道來一件事吧　女人的魅力2」倉橋由美子×樹木希林
《家庭画報》二〇〇八年一月號「喜歡和服，喜歡電影」吉永小百合×樹木希林
《女性自身》一九九五年七月二十五日號「母親樹木希林向親友坦言『七夕婚禮』的所有秘辛」樹木希林×小林由紀子
《FRaU》二〇一六年六月號「花與遺照」樹木希林×荒木經惟
《いきいき》（現「ハルメク」）二〇〇七年一月號「歡迎宇津井健先生、樹木希林女士。」樹木希林×宇津井健
《クロワッサン》（マガジンハウス）二〇〇九年一月十日號「我想過著不虛偽的人生，所以才會維持這樣的夫妻關係。」
《家の光》二〇一五年七月號「封面人物　樹木希林」
《婦人公論》二〇一六年六月十四日號「從五十歲開始，人生以十年為單位來劃分」樹木希林×小林聡美

【第六章】

《キネマ旬報》二〇一五年七月上旬號「摘自『一切隨心』」樹木希林×市原悅子

《いきいき》（現「ハルメク」）二〇〇七年一月號「歡迎宇津井健先生、樹木希林女士。」樹木希林×宇津井健

《婦人画報》二〇一五年六月號「如果還剩下一個禮拜，隨時死都可以」樹木希林×多利安助川

《家庭画報》二〇〇八年一月號「喜歡和服，喜歡電影」吉永小百合×樹木希林

《LEE》一九八八年三月號「現代社會哪還有貞潔烈女……」樹木希林×橋本治

《文藝春秋》二〇〇七年五月號「老媽、裕也與女兒・也哉子」

《キネマ旬報》二〇〇七年四月上旬號「樹木希林的話語」

《いきいき》（現「ハルメク」）二〇〇八年七月號「家族是個無限大的課題。」樹木希林×阿部寛

《芸術新潮》二〇一四年五月號「身為樹木希林的生存之道」

《文藝春秋》二〇一四年五月號「即使癌細胞轉移全身各處，我還是想善用自己直到嚥下最後一口氣」

《いきいき》（現「ハルメク」）二〇一五年六月號「人生就是不留遺憾，如何成熟的走完這輩子吧」

《anan》（マガジンハウス）二〇一五年六月十日號「一旦成為公眾人物，就沒有隱私可言，演藝圈可不是這麼好混的地方哦！」

《家の光》二〇一五年七月號「封面人物 樹木希林」

《PHPスペシャル》二〇一六年六月號「『不應該是這樣』但這就是人生」

《週刊女性》二〇一七年一月二十四日號「臨終時，邊聽著裕也先生的歌……」

《婦人公論》二〇一八年五月二十二日號「封面的我 就是原本的模樣」

《キネマ旬報》二〇一八年六月下旬號「不是歸類，而是仔細觀察人」
《AERA》二〇一八年六月十八日號「身為女演員的全心全意與自由 比全裸更讓人羞恥的事」

樹木希林 一切隨心

一切なりゆき 樹木希林のことば

作　　　者　樹木希林
譯　　　者　楊明綺
責 任 編 輯　賴曉玲
編 輯 協 力　徐藍萍

版　　　權　黃淑敏、翁靜如、吳亭儀
行 銷 業 務　莊英傑、王瑜、周佑潔
總　編　輯　徐藍萍
總　經　理　彭之琬
事業群總經理　黃淑貞
發　行　人　何飛鵬
法 律 顧 問　元禾法律事務所 王子文律師
出　　　版　商周出版　台北市 104 民生東路二段 141 號 9 樓
電話：(02) 25007008　傳真：(02)25007759
E-mail：ct-bwp@cite.com.tw　Blog：http://bwp25007008.pixnet.net/blog
發　　　行　英屬蓋曼群島商家庭傳媒股份有限公司城邦分公司
台北市中山區民生東路二段 141 號 2 樓
書虫客服服務專線：02-25007718　02-25007719
24 小時傳真服務：02-25001990　02-25001991
服務時間：週一至週五 9:30-12:00　13:30-17:00
劃撥帳號：19863813　戶名：書虫股份有限公司
讀者服務信箱 E-mail：service@readingclub.com.tw
香 港 發 行 所　城邦（香港）出版集團有限公司　香港灣仔駱克道 193 號東超商業中心 1 樓
E-mail: hkcite@biznetvigator.com　電話：(852)25086231　傳真：(852)25789337
馬 新 發 行 所　城邦（馬新）出版集團 Cite (M) Sdn Bhd
41, Jalan Radin Anum, Bandar Baru Sri Petaling, 57000 Kuala Lumpur, Malaysia.
Tel: (603) 90578822　Fax: (603) 90576622　Email: cite@cite.com.my

設　　　計　張福海
印　　　刷　卡樂彩色製版印刷有限公司
總　經　銷　聯合發行股份有限公司　新北市 231 新店區寶橋路 235 巷 6 弄 6 號 2 樓
電話：(02) 2917-8022　傳真：(02) 2911-0053

國家圖書館出版品預行編目 (CIP) 資料

樹木希林　一切隨心 / 樹木希林 作 .-- 初版 . -- 臺北市 : 商周出版 : 家庭傳媒城邦分公司發行 ,2020.01
面；　公分
ISBN 978-986-477-769-3（平裝）

1. 樹木希林 2. 演員 3. 傳記

783.18　　108020366

■2020 年 1 月 9 日初版
■2021 年 2 月 4 日初版 6.5 刷
定價 350 元

城邦讀書花園
www.cite.com.tw

Printed in Taiwan

著作權所有，翻印必究　ISBN 978-986-477-769-3

ISSAI NARIYUKI KIKI KIRIN no Kotoba by KIKI Kirin
Copyright © 2018 Kirinkan
All rights reserved.

Original Japanese edition published by Bungeishunju Ltd., Japan in 2018.
Chinese (in complex character only) translation rights in Taiwan reserved by Business Weekly Publications, A DIVISION OF CITE PUBLISHING LTD., under the license granted by Kirinkan, Japan arranged with Bungeishunju Ltd., Japan through AMANN CO. LTD., Taiwan

Cover Photograph by FUJII Tamotsu
© 2007 "TOKYO TOWER, Okan to boku to tokidoki oton" Film Partners